Kinder lieben Tiere

KARIN NEUSCHÜTZ

Kinder
lieben Tiere

Wie man Woll- und Stofftiere
herstellt und mit ihnen spielt

VERLAG FREIES GEISTESLEBEN

Die Deutsche Bibliothek – Cip-Einheitsaufnahme

Neuschütz, Karin
Kinder lieben Tiere: wie man Woll- und Stofftiere herstellt und
mit ihnen spielt / Karin Neuschütz. [Übers.: Claudia Barenthin.
Zeichn.: Karin Neuschütz]. – 2. Aufl. – Stuttgart: Verl. Freies Geistesleben, 1994
Einheitssacht.: Mjuka djur ‹dt.›

ISBN 3-7725-0828-6

2. Auflage 1994

Die schwedische Originalausgabe erschien unter dem Titel
«Mjuka djur» bei Bokförlaget Robert Larson AB, Täby.
© Karin Neuschütz 1986
© Deutsche Ausgabe: 1988 Verlag Freies Geistesleben GmbH, Stuttgart
Übersetzung : Claudia Barenthin
Zeichnungen: Karin Neuschütz
Fotografien: Marie Hedberg
Einband: Walter Krafft; unter Verwendung eines Fotos
von Marie Hedberg und Stofftieren, die an der Freien
Waldorfschule Uhlandshöhe, Stuttgart, entstanden.
Satz und Druck: Greiser, Rastatt

Inhalt

Einleitung

Dieses Buch handelt von Spielzeugtieren und von richtigen, lebendigen Tieren.

Nicht alle Kinder haben die Möglichkeit, sich ein Tier zu halten oder es im Alltag zu erleben. Manche Kinder reagieren auch so allergisch, daß sie nie ein Tier streicheln dürfen. Gerade für solche Kinder können weiche, kuschelige Stofftiere etwas sehr Schönes sein. Auch wenn diese natürlich kein Ersatz für etwas Lebendiges sind, kann das Kind doch sein Sehnen und seine Träume auf sie konzentrieren. Kinder haben Freude daran, kleine vierbeinige Spielkameraden für sich anzufertigen. Der Hundefreund kann eine ganze Serie Miniaturhunde verschiedener Rassen auf die Beine stellen. Der Pferdenarr macht sich ein Pferdchen für den Hausbedarf und versieht es mit Decke und Geschirr. Eltern können ihrem Kind eine niedliche Katze oder ein Kaninchen zum Geburtstag nähen etc.

Der erste Teil dieses Buches enthält unter anderem eine Diskussion darüber, wie man Haustiere in Familien mit Kindern hält, was dem Kind ein eigenes Tier bedeuten kann und wie wir es einrichten, daß sich sowohl Kinder als auch Tiere wohl fühlen.

Mit uneingeschränktem Enthusiasmus machen wir uns über die in Massen fabrizierten Plüschmonster, Gummivampire und die übrigen Ungeheuer her, die im Spielwarenhandel feilgeboten werden. Wir versuchen, die Entwicklung der kindlichen Motorik und des Spielens zu beschreiben, und beobachten, wo und wie in diesem Prozeß Spiele mit Tiermotiven einsetzen.

Weiterhin beschäftigen wir uns mit sprichwörtlichen Redewendungen und Märchen und fragen, was darin Drachen, Löwen und Wölfe symbolisieren.

Es wird auch berichtet, wie die Waldorfschulen in einer von Katastrophen bedrohten Umwelt versuchen, der heranwachsenden Generation ein positives Bild vom Menschen zu vermitteln und ihr Hoffnung für die Zukunft und Schaffenskraft mit auf den Weg zu geben, so daß sie später die schwere Verantwortung für das Wohl und Wehe

Eine Rentierherde auf der Wanderung. Schülerarbeiten aus dem Handarbeitsunterricht der 5. Klasse einer Waldorfschule. Jeder der Schüler zeichnet sein Muster und näht danach sein individuelles Rentier.

unserer Welt zu tragen vermag – und nicht zuletzt für die Tiere, die so viel für uns bedeuten.

Im zweiten Teil dieses Buches findet der Leser Beschreibungen, wie man zusammen mit Kindern einfache, mollig-weiche Tiere aus Stoff, Wolle und Garn herstellen kann.

Meinen herzlichen Dank möchte ich Barbara Amundin aussprechen, die Handarbeitslehrerin an der Stockholmer Christofferusschule ist, und bei der ich ein halbes Jahr lang dem Unterricht beiwohnen und von ihr lernen durfte.

Es ist meine Hoffnung, daß die Anfertigung und das Spielen mit einfachen Stofftieren beim Kind dazu beitragen können, Interesse für die Natur und Liebe zu den Tieren zu wecken.

Diese anspruchslosen Stofftiere verdanken ihre Entstehung dem zwanglosen Beisammensein von Erwachsenen und Kindern, wo Märchen erzählt, Lieder gesungen und Spiele gespielt werden. Sie können für manches Kind zu treuen, geliebten Begleitern werden und vielleicht sogar Kindern zu einem tieferen Verständnis, zu Respekt und Ehrfurcht vor der Natur verhelfen.

Karin Neuschütz

Elektronische Teddys

«Bitte schön!» sagen Onkel und Tante und überreichen den Zwillingen zu ihrem sechsten Geburtstag zwei prächtige Geschenkpakete mit Riesenschleifen.

Peter und Helene wechseln vielsagende Blicke, während sie ihre Pakete abwartend in den Händen wägen.

«Na, wollt ihr denn nicht auspacken?» fragt die Tante, die schon ungeduldig wird.

Erst werden die festverschnürten Bänder entfernt. Dann erfolgt ein eifriges Auswickeln aus mehreren Schichten Papier. Fast gleichzeitig ziehen Peter und Helene den Inhalt ihrer Pakete hervor.

«Oh!» kommt es von beiden in vielsagendem Ton.

«Broom!» antworten zwei Teddybären mit elektronischen Zwillingsstimmen.

«Was?» ruft Peter.

«Bram?» antworten die Bären. Onkel und Tante strahlen die Mutter der Kinder an.

«Oh, super!»

«Brom brubrem!»

«Können die wirklich sprechen?»

«Bröm brm brimbrim brembrem?»

«Was, bist du lebendig?» fragt Peter seinen Teddy, der, um allen Mißverständnissen vorzubeugen, eine blaue Strickjacke trägt, während Helenes eine rote anhat.

«Bram brm brum brmbrembrim?» antwortet der Teddy und merkwürdigerweise auch der von Helene, obwohl er nicht gefragt worden war.

Während Tante und Onkel mit den Eltern Kaffee trinken, beschäftigen sich die Kinder damit, schnell das Repertoire ihrer neuen Spielkameraden auszuforschen. Indem sie die Teddys wie eine Art Metallsuchgerät vor sich halten und damit umherlaufen, haben sie bereits nach einer Viertelstunde ein recht gutes Bild von den Fähigkeiten ihrer Teddys. Schnell entdecken sie, daß sich Mutters leicht hysterisches Lachen in der Bärensprache am besten macht . . .

Nach einer Weile nehmen sie sich ein Stück Kuchen. Helene setzt sich aufs Sofa und zieht ihrem Teddy das Jäckchen aus. Was ist das eigentlich für ein Geräusch? Sie legt den Teddy ans Ohr und lauscht. Peter ist in aller Stille mit seinen Forschungen schon ein Stück weitergekommen. Er hat mit Hilfe diverser Werkzeuge seinem Teddy nicht nur das Jäckchen, sondern auch das Fell über die Ohren gezogen.

Helene will nun ihren Teddy richtig versorgen. Sie holt einen kleinen, nassen Schwamm und reibt ihm damit sehr energisch erst den Rücken und dann den Bauch ab.

«Jetzt bist du schön sauber.»

«Bre brm bru bröm braubrem!»

«Äff mich nicht dauernd nach!» sagt Helene böse. Sie blickt rasch zum Kaffeetisch und stopft den Teddy, ehe er antworten kann, unter ein dickes Sofakissen. Sie weiß, daß sie den schönen neuen Teddy richtig liebhaben müßte. Ist sie womöglich ungezogen, wenn sie nicht mit ihm spielt?

Als Onkel und Tante fort sind, räumt Mutti auf. Den einen Teddy findet sie naß und ohne Jacke auf dem Sofa in einer Ecke versteckt. Der andere ist ohne Fell und hat aus irgendeinem Grund sein Brummvermögen eingebüßt.

Am Abend, als die Zwillinge im Bett liegen, drückt Helene ihren alten Teddy an sich, sieht die Mutter groß an und sagt:

«Mutti, ich mag meinen alten Teddy doch lieber!»

«Und ich auch», pflichtet Peter aus seinem Bett bei. «Mit dem kann ich reden wie ich will, er unterbricht mich nicht die ganze Zeit.»

Helene setzt sich eifrig im Bett auf und fügt hinzu:

«Die neuen Bären kapieren nicht, was man sagt, sie äffen bloß nach. Aber der hier versteht alles. Und ich verstehe auch alles, was er mir sagt!» – Obwohl er nicht brummen kann . . .

Spielsachen können zum Spielen anregen, aber wir haben auch gesehen, daß sie Kinderspiele manchmal regelrecht verhindern. Ob die «Begegnung» glückt oder nicht, kommt ganz auf die Art des Spielzeugs an, auf das damit beschenkte Kind und auf die Situation, in der das Spielzeug in die Hand des Kindes gelangt.

Kinder sind durchaus in der Lage, alles, was sie zu ihren Spielen brauchen, sich selbst auszudenken und zu verfertigen, wenn der Erwachsene das zuläßt. Sie brauchen keine sprechenden, mit Elektronik gefüllten Bären, sondern Material, mit dem sich spielen und basteln läßt. Unterstützen Sie die Kinder dabei! Geben Sie ihnen Stoffreste, Stöckchen, Ton oder Knete, Papier und Kordeln!

Wenn Peter stolz seinen aus einem Schuhkarton gebastelten Heimcomputer vorzeigt, braucht sein Vater daraus nicht gleich zu schließen, der Sprößling sei computerreif, und daß er sein Leben lang benachteiligt sei, wenn er nicht jetzt sofort eine komplette Computeranlage bekäme.

Kinder sind Meister darin, etwas aus dem Nichts zu erschaffen, die den Dingen innewohnenden Möglichkeiten zu erkennen. Sie besitzen einen unerhörten Einfallsreichtum – und dieses Vermögen müssen wir fördern. Das geschieht ganz sicher nicht dadurch, daß wir sie stillsitzen und auf Knöpfe drücken lassen.

Das Haustier – Kamerad oder Spielzeug?

Und ich will auch ganz bestimmt die Verantwortung dafür übernehmen!

«Kann ich nicht einen Hund bekommen? Oder eine Katze? Oder wenigstens einen Goldhamster? Ich will auch ganz bestimmt die Verantwortung dafür übernehmen!»

Das Kind wünscht sich ein Tier zum Streicheln und Liebhaben; etwas, das man umsorgen darf und wofür man Verantwortung fühlt. In den Händen verspürt man das Verlangen, ein weiches Fell zu berühren, zu kämmen und zu bürsten. Im Herzen nährt man den Traum vom ewig treuen Freund, der dem leisesten Wink folgt und einem nie von der Seite weicht.

Es gibt Kinder, die eine geradezu übernatürliche Fähigkeit besitzen, immer wieder neue Familienmitglieder aufzulesen.

Mutter stöhnt und staunt, schaudert und schimpft abwechselnd, als Sebastian das Haus mit verwaistem Jungfuchs, verletzter Blindschleiche, halbtoter Krähe, schwanzloser Eidechse, Kaulquappen in Einmachgläsern, räudiger Katze, Spinnen, Ameiseneiern und Regenwürmern füllt. Sich in Auflösung befindliche Heuballen, Löwenzahnblätter, Kabel für blubbernde Aquarien, Haken zum Aufhängen von Vogelbauern und Kartons, die von ehemaligen Insassen angenagt sind, vervollständigen die Sammlung. Zwischen Schützlingen und zukünftigem Futter der Schützlinge zu unterscheiden, ist bisweilen schwer.

Andere Kinder beschäftigen sich stundenlang begierig damit, Bücher zu lesen (zum Beispiel das wunderbare Buch «Frühling im Haus am Ende der Welt» von Monica Dickens, in dem gerade solche Tiersammler vorkommen), haben aber selbst das große Pech, nie über halbtote Tiere zu stolpern, die ihre Hilfe brauchen, oder bei Eltern gelandet zu sein, die geschickt das Leben so deichseln, daß solche Begegnungen nie stattfinden.

Eine große Gruppe von Kindern wächst mit Hund oder Katze auf. Die Kinder betrachten ihr Haustier als ebenso selbstverständlich zur Familie gehörend wie ein Geschwisterchen. Sie betrauern ihren Liebling tief und aufrichtig, wenn er ihnen eines Tages stirbt.

Trost in der Einsamkeit

Einzelkinder trösten sich oft mit einer Katze oder einem Meerschweinchen, wenn sie sich einsam fühlen, weil zum Beispiel die Eltern häufig Überstunden machen. Das Haustier dient dann als Ersatz für menschlichen Kontakt.

Die Entwicklung des kindlichen Interesses für Tiere hängt jedoch in hohem Grade von der Einstellung der Eltern ab. Man kann auf die Dauer nicht vor Mutter und Vater verheimlichen, daß man eine Boa unter dem Bett einquartiert hat.

Ist es nicht sogar möglich, daß Sebastians Eltern ihren unterdrückten Wunsch, Tiere zu halten, durch ihren Sohn ausleben? Nachdem sie noch einen Hund angeschafft haben, erklären sie lächelnd:

«Sebastian wollte so gern noch einen Hund! Der alte ist ja auch schon ein wenig betagt und kann nicht mehr richtig mithalten beim Laufen und Balgen. Ja, und das Pferd ist uns einfach zugelaufen. Wissen Sie, Sebastian übt eine geradezu magnetische Anziehungskraft auf Tiere aus. Natürlich ist das verrückt – aber wir haben doch Platz in der Garage und die Nachbarn haben bis jetzt noch nichts gesagt. Und, naja, wir wollen mal sehen, wie es weitergeht.»

Manchmal füllen auch Eltern, deren Kinder erwachsen geworden und aus dem Haus gegangen sind, die dadurch entstandene Leere mit Tieren aus. Sind nicht viele ältere Menschen wegen mangelnder menschlicher Gesellschaft auf das Zusammensein mit ihrem Hund oder ihrer Katze angewiesen? Für diese Gruppe von einsamen und gesellschaftlich Isolierten ist das Haustier von größter Bedeutung.
Man ist schnell mit dem Urteil bei der Hand, der Nachbar habe ein ungesundes Verhältnis zu seinem tierischen Mitbewohner. Wir mokieren uns über den alten Opa, der vorbeischlurft und seinen fetten, zerzausten Pekinesen an der Leine hinter sich herzieht – aber welche Alternative bieten wir ihm?
Wir haben uns eine Gesellschaft mit Hilfs- und Pflegeinstitutionen geschaffen und können trotzdem nicht verhindern, daß viele einsame Menschen durch die Maschen des sozialen Netzes fallen. Es ist also durchaus begreiflich, daß der Fernseher und der Dackel sozialen Kontakt ersetzen. Der TV-Apparat «redet» und unterhält, während der Dackel schweigt, mit treuherzig geneigtem Kopf lauscht und ermunternd mit dem Schwanz wedelt, wenn man ihm dies oder jenes zum Mittagessen vorschlägt.

16

Das Tier ist von uns abhängig

Im Umgang mit Tieren sind wir entspannt. Wir vergessen unsere eigenen Ansprüche und die unserer Mitmenschen. Es ist ein wunderbares Gefühl, an der Tür von einem Hund erwartet zu werden, der vor Freude ganz aus dem Häuschen ist, oder einer Katze, die schnurrend um die Beine streicht. Aber wie jeder weiß, haben Tiere ihre Eigenheiten und Gewohnheiten. Wenn wir die Katze ins Haus genommen haben, stellen wir vielleicht fest, daß vieles anders ist, als wie wir es uns vorgestellt haben.
Was sollen wir jetzt tun?
Tiere aus Fleisch und Blut sind keine Spielsachen, die man einfach durch neue ersetzt, wenn sie lästig werden:
«Ach, die Katze machte immer ihre Haufen auf den Teppich. Wir haben sie verkauft und uns einen Hund angeschafft, aber der bellte unentwegt und ging Mama auf die Nerven. Jetzt haben wir ein Aquarium, aber die Pumpe davon macht ständig Krach. Nun will Mama, daß wir statt dessen ein Kaninchen kaufen!»
Da kann es wirklich von Vorteil sein, wenn Mama im voraus Erkundigungen einzieht, wie eine zernagte Telefonschnur aussieht . . .

Tiere im Käfig: Kaninchen, die ihr Leben in einem Käfig zubringen, der gerade doppelt so groß ist wie sie selbst; ist das eigentlich besser als die superrationelle Tierzucht, die wir mit Recht verurteilen? Kann das Kaninchen durch zehnminütiges Herumhoppeln pro Tag zwischen Wohnzimmerschrank und Couchgarnitur für solches Leiden entschädigt werden?

Vögel im Käfig: Weil sie so schön singen und wir sie zähmen wollen. Fische, die im abgestandenen Wasser eines Aquariums hin und her schwimmen und von den unendlichen Weiten und Tiefen träumen, für die sie erschaffen worden sind, weit weg in tropischen Seen und Meeren. «Jetzt ist wieder ein Fisch gestorben, Mutti, wir müssen einen neuen kaufen.»

Mit welchem Recht engen wir den Lebensraum der Tiere so ein?

Es ist wichtig, daß wir die Anschaffung und das Halten eines Tieres in der Gefangenschaft vor uns selbst und den Kindern verantworten können – bevor wir es kaufen!

Wer sich für diese Fragen interessiert, weiß natürlich über die erschreckenden Mißstände auf diesem Gebiet Bescheid, über die Ausrottung von Vogel- und Fischarten und über die entsetzlichen Tiertransporte zum Beispiel von Affen, bei denen die Hälfte elend zugrunde geht. Wollen wir uns wirklich an solch schmutzigen Geschäften beteiligen? Fragen Sie darum immer, wenn Sie ein Tier im Tiergeschäft kaufen, woher es kommt. Wenn es in Gefangenschaft geboren und aufgewachsen ist, ist man als Käufer wenigstens nicht unmittelbar an dieser Tierquälerei beteiligt.

Auf jeden Fall ist es wichtig, sich vorher genau zu informieren. Der Fachhandel und die Bibliotheken halten eine Menge ausgezeichneter Bücher bereit, die über verschiedene Tierarten und über Tierhaltung informieren. In Streichelzoos, bei Tierausstellungen, in Tiergärten und manchmal auch auf Bauernhöfen kann man sich verschiedene Tiere näher ansehen und etwas über ihre Pflege erfahren.

Wir Erwachsenen sind immer Vorbilder für unsere Kinder, ob wir nun treulos an ihren Lieblingstieren handeln oder ob wir Tieren, die wir an uns gebunden haben, die Treue halten und Probleme zu ihrem besten zu lösen versuchen. Aber wir müssen auch realistisch sein und sollen uns nicht dazu zwingen, heroisch auszuhalten in einer unleidlichen Beziehung zu einem Tier. Wenn wir alles getan haben, um der Katze abzugewöhnen, in den Kinderwagen zu nässen, unsere Bemühungen aber nicht von Erfolg gekrönt waren, ist es vermutlich unumgänglich, sie einschläfern zu lassen, falls nicht eine andere Familie zu finden ist, die sie zur Probe bei sich aufnimmt. Ein Tapetenwechsel kann bekanntlich manchmal Wunder wirken!

18

Erst nachdem wir den Kauf eines Tiers gründlich erwogen, durchgesprochen und also wirklich versucht haben, uns klar zu werden, warum wir uns gerade dieses Tier zulegen wollen, erst dann sind wir richtig vorbereitet.

Bedenken Sie jedoch, daß der eifrige Zwölfjährige, der so überzeugend für einen eigenen Hund zu argumentieren weiß, bald ein großer Teenager ist, dem der Sinn nach aushäusiger Unterhaltung und engerem Kontakt mit den Kameraden steht. Der Hund wird dabei im Wege sein, so daß es schließlich doch die arme Mutter ist, die ihn tagtäglich ausführen muß. Ein Rat, nach dem man sich richten sollte: Belasten Sie nicht ihr Kind mit der Verantwortung für ein Tier, wenn Sie als Mutter oder Vater nicht bereit sind, diese mit dem Kind zu teilen. Selbst wenn es sich nämlich pflichtbewußt um sein Tier kümmert, müssen die Erwachsenen darauf achten, daß das Tier richtig gefüttert und nicht durch allzu stürmische Zärtlichkeiten gestreßt wird.

Waldi, was hast du jetzt wieder gemacht!

Mit einem Tier aufzuwachsen, das sich in der Familie wohl fühlt und das seiner Natur gemäß leben darf, kann für Kinder sehr bereichernd sein. Ein Tier ist ja etwas Lebendiges: beweglich, wandelbar, als Spielkamerad spannend – ja vielleicht sogar ein klein bißchen gefährlich.

Ein Tier bringt immer etwas Unvoraussagbares mit sich. Plötzlich geht etwas in Scherben. Waldi stattet einen heimlichen Besuch beim Nachbarn ab und gräbt dessen frischgesteckte Tulpenzwiebeln wieder aus. Das Kaninchen reißt aus und verkriecht sich in einem Loch im Keller, aus dem es sich standhaft weigert, herauszukommen.

Wir können nicht vorher einen Plan machen, nach dem sich die kleinen Wesen dann richten sollen – Gott sei Dank!

Vielleicht könnte man sogar mit Recht behaupten, daß Haustiere deshalb ein wichtiges Element in unserer hochtechnisierten Gesellschaft sind, weil sie etwas Abwechslung in unseren streng nach der Uhrzeit geregelten Alltag bringen. Das Leben ist, in Gestalt eines impulsiven Haustiers, im besten Sinne irrational. (Eine außerordentlich reizvolle Schilderung über das Zusammenleben mit Tieren, wo nichts, aber auch gar nichts so wird, wie man es sich gedacht hat, findet man in dem Buch «If only they could talk [Easy reader]» von James Herriot, das Begebenheiten aus dem Leben eines englischen Tierarztes in den dreißiger Jahren schildert.)

Das Kaninchen wird begraben

Es liegt nicht in unserer Macht zu bestimmen, wie lange wir unser Tier behalten dürfen. Eines Tages liegt Tinas Kaninchen auf der Seite, steif ausgestreckt, mit hängenden Ohren und glasigem Blick, ganz platt und traurig anzusehen. Was ist passiert?

Hat eine Katze oder ein Fuchs es zu Tode erschreckt? Hat es sich erkältet oder etwas Schädliches gefressen? Wahrscheinlich wird Tina den Grund nie erfahren. Aber es ist sehr wichtig, daß man sie ihr Kaninchen betrauern läßt.

Sie ordnet eine richtige Beerdigung an. Zuerst legt sie das Kaninchen in einen sorgfältig mit Seidenpapier ausgelegten Schuhkarton, strei-

chelt vorsichtig den reglosen Körper und legt den Deckel auf den Karton. Darauf klebt sie ein hübsches selbstgemaltes Bild und schreibt ordentlich seinen Geburts- und Todestag dazu. Dann geht sie, gefolgt von ihrem kleinen Bruder mit ernster Miene, hinaus, um nach einem geeigneten Platz für das Grab Ausschau zu halten. Mit vereinten Kräften schaufeln sie ein tiefes Loch und senken den Karton hinein. Tina, deren Näschen ein wenig rot ist, singt ein kleines Lied, in welches Brüderchen ab und zu mit einem Ton einstimmt. Dann schaufeln sie das Grab zu und machen obendrauf sorgfältig einen kleinen Hügel aus der Erde, die übrig ist. Sie werden noch eifriger, als ihnen einfällt, daß ja Gras und Blumen auf dem Grab sein müssen. Den ganzen Nachmittag sind sie mit Pflanzen und Säen beschäftigt. In den folgenden Tagen wird in der Familie viel über das Kaninchen gesprochen. Man erinnert sich daran, wie klein und niedlich es war, als man es bekam, und welchen Unfug es im Laufe der Jahre angerichtet hat. Manchmal kommen Tina dabei die Tränen, und sie geht in ihr Zimmer, um sich auszuweinen.

Es wäre für Tina viel schwerer, wenn ihre Mutter das Geschehene bagatellisieren würde oder sie abzulenken versuchte, indem sie das Thema vermiede. Der Tod eines geliebten Tieres ist ein großes und wichtiges Ereignis im Leben eines Kindes und darf weder zu sehr hochgespielt noch unterschätzt werden.

Und wenn Tinas Eltern einfach gelacht hätten, als sie weinte? «Tränen wegen eines kleinen Kaninchens! Was ist das für ein Getue!

Komm, wir gehen ein neues kaufen! Es gibt ja Hunderte davon in der Tierhandlung!»

Oder wenn die Mutter den gutgemeinten Versuch gemacht hätte, die ganze Sache zu vertuschen, indem sie schnell das tote Tier in den Müllschlucker gesteckt und dann folgendermaßen den Schlußstrich gezogen hätte:

«Und jetzt kein Wort mehr über das Kaninchen! Nun vergessen wir das Ganze. Überhaupt wußte ich schon von Anfang an, daß das nicht gut gehen würde. Das ist ja immer so mit Tieren! Nicht genug damit, daß es an allen möglichen und unmöglichen Stellen seine Pillen fallen ließ und daß es mitten in einem wichtigen Telefongespräch die Telefonschnur durchnagte – nun muß es auch noch sterben, so daß Tina völlig aus der Fassung gerät!»

Dieses Aus-der-Fassung-geraten ist jedoch für die kindliche Entwicklung nicht zu unterschätzen. Das eigene, wirklich vorhanden gewesene Kaninchen zu betrauern, hat vor allen Dingen mehr mit der Wirklichkeit zu tun, als Stunden und Tage seines Lebens damit zu verbringen, das Ableben gefilmter Kaninchen auf der Mattscheibe zu betrachten.

Der Tod eines Haustiers kann viel Gutes bewirken. Wenn die Familie das Geschehnis ernst nimmt und bewußt erlebt und verarbeitet, kann es das Kind auf zukünftige größere Trauerperioden vorbereiten, die es ja früher oder später in seinem Leben durchmachen muß. Das bedeutet selbstverständlich nicht, daß man sich allein aus diesem Anlaß ein Haustier halten sollte. Aber andererseits finde ich nicht, daß man sich kein Tier anschaffen sollte, weil man Angst hat, dessen Tod könne den Kindern Trauer bereiten.

Viele Kinder haben nie Gelegenheit, dem Tod in Wirklichkeit zu begegnen; desto öfter aber Bildern vom Tod auf der Mattscheibe. Wie lernen sie, Trauer zu bewältigen, so daß sie vorbereitet sind, wenn eines Tages ein geliebter Verwandter stirbt?

Auch die Pflege kranker Tiere, von Selma Lagerlöf in der rührenden Erzählung «Meli» feinsinnig geschildert, kann im Kinde schlummernde Kräfte wecken. In «Mein Freund Flicka» von Mary O'Hara erleben wir mit, wie Kens Selbstvertrauen durch das Zusammensein mit seinem Fohlen wächst.

Sehnsucht beflügelt die Phantasie

Viele Kinder müssen ohne ein Tier aufwachsen, weil sie allergisch darauf reagieren. Ist ein Kind dadurch sehr benachteiligt?
Oft genug leider ja. Es kann aber auch vorteilhaft für das Phantasieleben sein, sich nach einem eigenen Hund, einem eigenen Kaninchen oder einer eigenen Katze zu sehnen. Vielleicht ist das für manche Kinder sogar besser, als wenn sie das Tier wirklich bekämen. Ein Wunschtraum, etwas, wonach man sich sehnt, ist immer phantasieanregend und fördert das innere Wachstum.
Stofftiere können natürlich nichts Lebendiges ersetzen, aber ein Stofftier ist jedenfalls immer da, wenn Tina es braucht. Still und taktvoll steht es neben ihr und sieht mit an, wie sie ihren Kopf ins Kissen bohrt und ihr totes Kaninchen beweint.
Der weiche Stoffhund, den sie jeden Abend beim Einschlafen an sich drückt, ist treu und geduldig. Zusammen mit den Puppen tröstet er sie, wenn die Wirklichkeit schwer zu ertragen ist. Mit ihnen kann Tina Erlebtes noch einmal durchspielen und von der Zukunft träumen.

Die Spielzeugtiere

Der Teddybär – Spielkamerad der Kinderzeit

Es ist erstaunlich, mit welcher Nachhaltigkeit und Schärfe sich die Züge unserer ersten Spielsachen im Bewußtsein einprägen, um womöglich das ganze Leben lang gegenwärtig zu bleiben.

Als die vierjährige Katrin sich bemüht, ihr Lämmchen aufzustellen, ahnt sie nicht, daß sie sich noch 30 Jahre später genau an das Gefühl erinnern wird, wie schwer es war, die vier Lämmerfüßchen ordentlich gespreizt auf den Teppich zu stellen, und wie herrlich es war, als es nach einem endlosen Augenblick doch aufrecht und wie lebendig dastand!

So groß diese Freude war, so groß war die Enttäuschung, als das Lämmchen dann das Gleichgewicht verlor und langsam seitwärts umkippte. Aber es sollte doch stehen! Sie versuchte immer wieder, es aufzustellen – bis es ihr endlich gelang.

Es ist nicht gleichgültig, wie die ersten Spielsachen aussehen, mit denen ein Kind sich befaßt. Mit seiner Körperhaltung und Form drückt das Spielzeugtier, genau wie die Puppe, eine Menge aus. Ein ansprechendes und rege aussehendes Tier mit natürlicher Haltung vermittelt etwas ganz anderes, als ein müdes, schlappes Tier, das nicht auf den Beinen stehen kann.

Ihre schwarze Katze, die einen Reißverschluß auf dem Bauch hat, verabscheut Katja von Herzen. Er dient dazu, den Bauch der Katze zu verschließen, nachdem man morgens sein Nachthemd darin verstaut hat. Abends wird es dann wieder herausgeholt. Aber Katja findet, daß es Mord ist, der Katze den Mageninhalt herauszuziehen! Sie schaudert jedesmal, wenn sie den platten und leeren Katzenkörper anfaßt.

In dem schönen Buch «Så lekte vi» (So spielten wir) von Jane Fredlund wird die Entstehungsgeschichte des Teddybären erzählt: «Der erste Teddybär erblickte vermutlich im Jahre 1902 das Licht der Welt. Damals war der Präsident der Vereinigten Staaten, Theodore ‹Teddy› Roosevelt, zur Bärenjagd am Mississippi eingeladen. Als ihm ein Bärenjunges vor die Flinte kam, wollte der Präsident nicht darauf schießen. Diese nette kleine Episode kam zusammen mit einer Zeichnung vom Präsidenten mit dem Bären in die Zeitungen. Der Besitzer eines kleinen Spielwarenladens in Brooklyn sah das Bild und kam auf die Idee, Spielzeugbären aus Plüsch herzustellen. Da er ein Mann mit Sinn für Werbung war, schrieb er an den Präsidenten und fragte, ob er seinen Spielzeugbären ‹Teddys bear› nennen dürfe. Roosevelt, der offensichtlich ebenfalls reklamebewußt war, sagte zu, obwohl er daran zweifelte, daß sein Name in der Stofftierbranche von Nutzen sein könne. Auf diese Weise konnte der Liebling aller Kinder seinen Siegeszug in alle Kinderzimmer antreten.»

In demselben Buch erfährt man auch, wie Margarete Steiff, die schon 1880 eine Stofftiermanufaktur in Süddeutschland gegründet hatte, die Herstellung von Plüschteddybären in Schwung brachte. Die Steiffschen Teddys (mit Knopf im Ohr) hatten bewegliche Arme und Beine und waren aus feinstem Mohairplüsch. Durch diese Bären erlangte ihre Firma internationalen Ruf. Als Margarete Steiff 1909 starb, hinterließ sie ein blühendes Unternehmen, das nicht nur Teddybären, sondern auch viele andere Qualitätstiere mit ansprechendem Äußeren herstellte.

Die Nachfrage nach Teddybären stieg am Anfang des Jahrhunderts sowohl in Europa als auch in Amerika beträchtlich, denn jedes Kind wünschte sich einen eigenen Teddy.

Ein Tier oder eine Puppe?

Ganz kleine Kinder, die gerade das Stehen lernen, brauchen menschliche Gestalten als Vorbilder um sich herum, vorzugsweise in aufrechter Stellung und mit gerader Haltung, zum Beispiel ein fest gestopftes Püppchen oder eins, das aus Holz geschnitzt ist.

Die Puppe inspiriert das Kind dazu, Gefühlen und Gedanken Ausdruck zu verleihen. Ganz nach Katjas Belieben spielt die Puppe die jeweils passende Rolle: Sie ist beste Freundin, frecher kleiner Bruder oder Baby, das geknuddelt und abgeküßt wird. Es gibt unendlich viele Variationsmöglichkeiten.

Im Spiel mit Tieren sind die Verhältnisse anders. Manchmal vermenschlicht Katja ihren Teddy. Sie zieht ihm ein Jäckchen an, und er darf im Puppenbett schlafen. Er hat in diesem Fall eine «Puppenfunktion», das heißt, daß Tiere mit menschlicher Ausstrahlung und Haltung oft wie Menschen behandelt werden.

Eigentlich wäre es besser, wenn der Unterschied zwischen Tier und Puppe deutlicher sichtbar wäre, denn wollen wir, daß Katja für ihren Teddybären eine Liebe wie von Mensch zu Mensch empfindet? Snoopys und Teddys sollten nicht die Puppe von ihrem Platz im Herzen des Kindes verdrängen.

Tiere, die ein charakteristisches Aussehen haben, können in Katjas

26

Phantasie das richtige Löwenbaby, den jungen Bären oder das Hund-chen ersetzen, von denen sie träumt.

Im Vorschulalter nimmt das Kind vertrauensvoll Eindrücke in sich auf, nicht nur durch die Menschen in seiner nächsten Umgebung, sondern auch durch Gegenstände: beispielsweise Kleider. Auch die Farben der Wände oder Motive auf Bildern können starke Eindrücke hinterlassen, da sie sozusagen «unzensiert» aufgenommen werden. Das Vermögen, sich abzuschirmen und eine Wahl zu treffen, tritt erst mit zunehmendem Alter auf.

Wenn man mit einem Monstrum im Arm einschläft

Was dem kleinen Kind auch angeboten wird – es greift begeistert zu, auch wenn es etwas Schädliches ist. Lassen wir Katja jeden Abend mit einem schauderhaft entstellten Gummimonstrum mit synthetischen Zotten einschlafen, können wir ziemlich sicher sein, daß sie davon nicht völlig unbeeinflußt bleibt.

Warum versuchen wir so oft, Kindern die Dinge auf eine so unseriöse Art nahezubringen? Warum bekommen sie töricht karikierte Spiel-zeugtiere? Warum hängt man ihnen ein grellbuntes Rollo ans Fenster, das über und über mit Woody Woodpecker in Lebensgröße bedruckt ist? Damit er das Kind mit seinem stereotypen Grinsen ins Land der Träume begleitet?

Was denken wir uns dabei, was beabsichtigen wir damit? Wir wollen doch nur unser Kind erfreuen! Daß es so etwas unbewußt als eine Beleidigung auffassen könnte, kommt uns dagegen nicht in den Sinn. Das kleine Kind ist außerstande, sich von einer grobschlächtigen Karikatur zu distanzieren, da es sich ja mit geradezu andächtiger Verehrung der Welt öffnet.

Außer ihrer Lieblingspuppe möchten die meisten Kinder ein Stofftier haben. Spielt es eine Rolle, ob sie beim Einschlafen ein niedliches Hundchen oder einen Drachen im Arm halten? Die Hauptsache ist doch wohl, daß das Tier mollig weich ist und daß es dem Kind gefällt, oder?

Es ist sehr wichtig, daß man unterscheidet zwischen Vorschulkindern, die durch Nachahmung erleben und also nicht nur von lebendigen Vorbildern Haltung und Gestikulation übernehmen, sondern sich auch von ihren Spielzeugtieren beeinflussen lassen – und Schulkindern, die an einem sehr grotesken Tier als Maskottchen ihren Spaß haben können, ohne davon besonders beeinflußt zu werden.

Dem kleinen Kind sollte man zuallererst eine Puppe geben. Nach einiger Zeit kann es auch ein hübsches Tier bekommen, eins, das gesund, munter und lebensbejahend aussieht.

Goldige Drachen, süße Vampire

Wenn wir Drachen und Dämonen, Trolle und andere Unwesen zu Schmusetieren in Samt machen, schaffen wir damit Unklarheiten im Seelischen. Tiere, die gefährlich und angsteinjagend sind, sollten es auch bleiben. Sie und ihresgleichen bevölkern die Märchenwelt und leben in unserem Unterbewußtsein, wo sie für verbotene Wünsche, krankhafte Leidenschaften oder allzu starke, ungehemmte Triebe stehen. Sie sollen nicht verharmlost und gezähmt werden, denn das würde beim Kind die Grenze zwischen Gut und Böse verwischen. Erst im Alter von etwa zwölf Jahren ist das Kind reif, Karikaturhaftes, dieses fröhliche Lächerlichmachen von bedrohlichen Wesen als Mittel gegen die Angst, zu verstehen. Mit dem Verstand verschafft es sich dann Abstand zwischen seinem unmittelbaren Erleben und dem abgebildeten Gegenstand.

Im Märchen verstellt der gefährliche Wolf seine Stimme und versucht so, die unschuldigen kleinen Geißlein in seine Gewalt zu bringen. In dem beliebten Film von den Gremlins dagegen hat man es mit der betrügerischen Doppelnatur eines scheinbar unschuldigen kleinen Wesens zu tun: Mogwais sind bezaubernde kleine Tiere, ebenso niedlich und großäugig wie Bushbabys und mit großen, weißbehaarten Fledermausohren. Sie sind gesellig, lustig und können singen.

Aber wenn sie nach Mitternacht Futter bekommen, verwandeln sie sich auf schreckliche Weise und zeigen sich von einer ganz anderen Seite. Sie werden zu zerstörerischen und blutrünstigen Bestien.

Geben wir unserem Kleinkind einen treuherzig dreinblickenden Drachen als Schmusetier, müssen wir uns darüber im klaren sein, daß er, wie nett er auch aussehen mag, ein Repräsentant drohender Mächte ist. Kann man sich mit einem Drachen im Arm beim Einschlafen wirklich sicher fühlen?

(In einem der folgenden Kapitel wird die Tiersymbolik des Märchens ausführlicher besprochen.)

Katja im Spielwarengeschäft

Eines Tages darf Katja mit der Mutter in das große Spielwarengeschäft mitkommen. Sie wollen zusammen Stofftiere ansehen. Mit Hilfe von sanfter Musik soll im Laden eine entspannte Atmosphäre geschaffen werden, die die Kauflust fördert.

Es dauert eine ganze Weile, bis beide zur Tierecke vorgedrungen sind. Plötzlich befinden sie sich vor einem riesenhaften Behälter, einem Kasten auf Beinen, einem Massengrab, gefüllt mit synthetischen Ungeheuern, die von einem müden Verkäufer kreuz und quer übereinandergeschüttet wurden und nun auf einem Haufen liegen.

Während die Mama nach den Tieren Ausschau hält, nähert sich Katja schüchtern dem Monstergrab. Sie streckt ein Zeigefingerchen aus und berührt leicht ein grellgrünes Etwas, eventuell eine Kreuzung zwischen Fraggel und Ziege. Seine Augen wölben sich wie große, glasartig weiße Kuppeln über die kugelrunden Pupillen, die eigensinnig auf die geschwollene Schnauze herunterschielen. Zögernd fährt sie mit dem Finger über den gefärbten synthetischen Pelz und über die anscheinend planlos zusammengefügten Körperteile. Die grüne Farbe leuchtet intensiv.

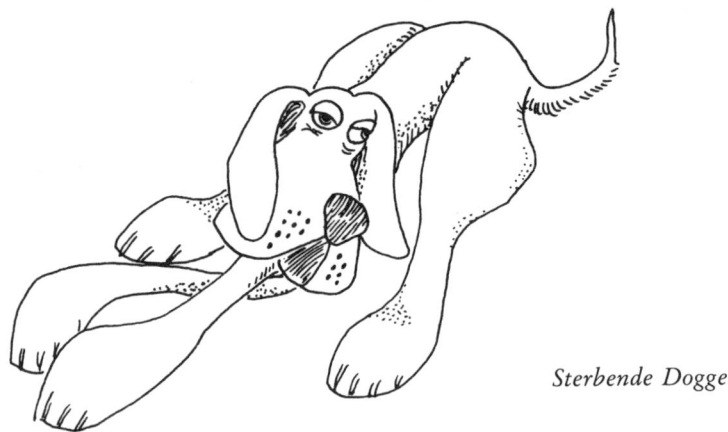

Sterbende Dogge

Die Mama geht langsam an den Regalen entlang, um die leichter erkennbaren Rassen ausfindig zu machen. Ab und zu holt sie sich eine sterbende Dogge, einen puddingweichen Garfield, einen niedlichen Frou-Frou oder einen himmelblauen Elefanten herunter. Sie scheinen alle miteinander verwandt zu sein, denn sie haben weder Gewicht noch sind sie stabil. Die meisten können nicht stehen, weil sie zu lose und luftig gestopft sind. Alle haben den gleichen synthetischen Pelz.

Endlich findet sie ein Regal mit den Tieren des World Wild Life Found, Tieren, die von der Ausrottung bedroht sind. Diese sind wenigstens mit einem gewissen Interesse für die Tierart gemacht, die sie darstellen sollen. Jedoch fehlt auch in diesem Regal jegliche Spur liebevollen Arrangements. Die Tiere liegen haufenweise da, und es sind viel zu viele, als daß man sie hübsch aufstellen könnte.

Die Mutter denkt an die Tiere im Spielwarenladen ihrer Kindheit zurück: Die waren aus echtem Leder und reinem Wollplüsch und saßen in einem Schrank mit Glasschiebetüren. Sie wurden auf Wunsch einzeln von einem Verkäufer, der ihren Wert kannte, herausgeholt, um andächtig bewundert zu werden.

Hier findet sie nicht einmal einen Verkäufer, den sie um Rat fragen kann. Der einzige Angestellte weit und breit ist ein Lagerarbeiter, der gereizt und in hektischem Tempo Preisschilder aus seinem Preisauszeichner auf die Waren drückt.

Das Kassenfräulein schiebt Tiere, Spielsachen, Puzzles und Kriegsspielzeug in nie enden wollendem Strom vorbei, ohne den Dingen, die sie verkauft, einen Gedanken widmen zu können.

Mechanisierte Aufzucht von Schweinen und Brathühnern – Massenfabrikation von Spielzeugtieren: Die Spielzeugwelt ist wie immer ein getreues Abbild der Welt der Erwachsenen.

31

Die Verantwortung des Spielwarenverkäufers

Ist man einfältig genug, einen Spielwarenverkäufer zu fragen, warum er Kindern Monstren in Neonfarben verkauft, bekommt man höchstwahrscheinlich die aufklärende Antwort:

«Ja, aber die Kinder wollen sie doch haben!»

Ja sicher, sie kaufen begeistert Gummireptilien, Vampire und wackelpuddingartige Klebetiere, die uns höchst widerwärtig anmuten. Wenn gerade eine TV-Folge gesendet wurde, wenn ein starker, neuer Film über die Video-Mattscheibe oder die Kinoleinwand gegangen ist, kann man todsicher sein, daß die Kinder ihren Lieblingsdinosaurier, in Plastik verkörpert, sehen wollen. Das ist nur eine Folge ihres lebhaften Bedürfnisses, das Gesehene zu verarbeiten.

Fabrikanten und Spielwarenhändler brauchen nichts über die Entwicklung des Kindes zu wissen, um Spielzeug verkaufen zu können. Kann man sie dafür verantwortlich machen, daß sie Waren auf den Markt werfen, von denen sie wissen, daß sie sich gut verkaufen?

Den Kindern kann man auch nicht verübeln, daß sie nehmen, was angeboten wird – wenn niemand sie daran hindert! TV-Produzenten und Zeichner von Comics können sich immer damit verteidigen, daß sie ja nur bringen, was die Leute sehen wollen.

Also wird ganz den Eltern die Entscheidung überlassen werden müssen. Sie allein tragen die ganze Verantwortung für die Art von Kultur, mit der ihre Kinder in Kontakt kommen. Sie sollen, wenn die Kinder noch klein sind, die Wahl treffen und alles, was sie für ungeeignet halten, von ihnen fernhalten bzw. das Interesse der Kinder von Minderwertigem ablenken.

Ist es ebenfalls die Privatsache der Eltern, wenn sie dem starken Druck von seiten der Freunde ihrer Kinder nicht standhalten können, wenn sie nicht genug Kraft haben, ihre Kinder davon abzuhalten, schon im Vorschulalter Vampirfilme und Thriller zu sehen, wenn sie keine Zeit haben, sich eine Meinung zu bilden über all das, was ihre Sprößlinge sehen und haben wollen, und wenn sie zu geschafft sind, um Alternativen zu bringen zu allem Schund, der auf den Markt kommt? Spielzeugfabrikant und Verkäufer, Zeichner von Comics, Verfasser und Illustrator von Kinderbüchern, Herausgeber, Theaterproduzent und Filmemacher – sie alle tragen bei zu der Kultur, in der unsere Kinder aufwachsen. Und keiner von ihnen sollte den Einfluß unterschätzen, den er ausübt! Sicher könnten sie auch mehr unternehmen, um das lebhafte Interesse, das Kinder an Tieren und an der Natur haben, zu unterstützen. Beim Durchblättern der umfangreichen Spielzeugkataloge wird man zum Beispiel finden, daß nur ein Bruchteil des Angebots etwas mit der Tierwelt, der Natur und den vier Elementen Wind, Wasser, Erde und Feuer zu tun hat. Dagegen werden seitenweise Computer für Kinder angeboten, Mondraketen, groteske Roboter und Kriegsspielzeug.

Ich bin jedoch nicht der Ansicht, daß es wünschenswert wäre, Kindern nur Niedliches, Unschuldiges, Naturgemäßes und Zuckersüßes zu präsentieren. Aber wie bereits erwähnt, finde ich es wichtig, Altersgrenzen einzuhalten, denn kleine Kinder wollen glauben, daß die Welt gut sei. Wie könnten sie sonst auch den Mut aufbringen, darin aufzuwachsen?

Tiere aus der Massenproduktion geben wenig Anregung

Das Spielzeug, das in riesigen Serien aus den Fabriken kommt, ist von einer verblüffenden Armut und Dürftigkeit. *Alle* Acht- bis Neunjährigen spielen ein paar Jahre lang mit Regina Regenbogen, pastellfarbigen Gummipferden, deren bunte Mähnen und Schwänze, die bis zu den Hufen herabreichen, gekämmt, gewellt und geflochten werden sollen. Sie sind die glamourös-kitschigen Pendants der Tierwelt zur Barbie- oder Sindypuppe; *Pferde* mit Kosmetikköfferchen, Spiegeln, Parfümflakons, koketten Hütchen und anderem Krimskrams!

Wenn gewisse Spielzeugsorten nicht in solchen Massen hergestellt würden, gäbe es die Möglichkeit, mehr eigenständige, lokale Varianten zu entwickeln. Jede Kindergruppe hätte ihre persönlichen Spiele und Spielsachen, und das Leben wäre reicher.

Man kann durchaus die kindliche Phantasie mit der Natur vergleichen und folgende Parallele ziehen: Eine erschreckende Anzahl Tiergattungen auf unserem Planeten ist von der Ausrottung bedroht. Jedesmal, wenn eine Art verschwindet, wird der Reichtum des Lebens auf der Erde verringert. Der Mensch ersetzt die wilden Tiere mit überzüchteten Hühnern und Schweinen aus der Tierfabrik. Er läßt aus Unverstand das Vieh ganze Landstriche kahlfressen, die unbeschadet seit Urzeiten von wilden Tieren durchstreift wurden. Wälder werden so gerodet, der Boden weggeschwemmt und die Pflanzenwelt verarmt.

In gleicher Weise brechen die massenweise und lieblos produzierten Maskottchen in die Gefilde der kindlichen Phantasie ein und trampeln blindlings alles Wachsende nieder.

Ist es nicht paradox, daß der WWF (World Wild Life Found) die vom Aussterben bedrohten Tiere als niedliche Schmusetiere aus Stoff verkauft, um mit dem Erlös seine Tätigkeit zu finanzieren? Durch aufmerksamkeitheischende Werbekampagnen versucht man, bald das eine, bald das andere Tier zu retten – wo eigentlich komplette Biotope neu geschaffen werden müßten.

Warum engagieren wir Erwachsenen uns eigentlich nicht mehr und helfen mit, zum Beispiel große Natur- und Tierreservate finanziell zu unterstützen, damit die Tiere weitgehend in ihrer natürlichen Umwelt leben können? Unsere Kleinkinder, deren Umweltbewußtsein oft schon verfrüht entwickelt worden ist, sollten wir jedenfalls nicht durch weitere schreckliche Tatsachen belasten.

«Komm her, mein kleiner Seehund! Wenigstens du hast keine mißgebildeten Flossen und keinen Tumor. Du bist so niedlich! Bald werden alle deine Verwandten in der Ostsee sterben, sagt Mutti. Mund auf! Du bekommst jetzt von mir einen völlig giftfreien Hering!»

Wir verpacken Kinder nicht in Watte, wenn wir ihnen eine von Umweltängsten freie Kindheit ermöglichen. Lassen wir sie im Vorschulalter relativ geschützt aufwachsen und frei spielen, also ohne Einmischung, aber unter der Aufsicht von Erwachsenen, dann tragen wir dazu bei, daß sie die Kräfte bewahren, mit denen sie später zur Lösung der großen Umweltprobleme beitragen können.

Abwechslungsreiches Spiel

Der Bär schläft (Björnen sover)

In der Höh-le, in der Höh-le, schläft der braune Bär. Laß ihn nur in Ru-he,

daß er dir nichts tu-e, denn man kann ihm, denn man kann ihm niemals richtig traun!

Mit begeistertem Geschrei springen die kleinen Bären aus ihrer Ruhestellung auf und verfolgen die Erwachsenen und Kinder, die singend
im Kreis um sie herumgegangen sind. Wer gefangen wird, darf das
nächstemal Bär sein.

Dies Wechselspiel zwischen dem verhältnismäßig geruhsamen Kauern in der Höhle und dem Davonstürzen, um die anderen zu fangen, ist für die Kleinsten eine herrliche Beschäftigung. Sie wollen immer wieder Bär sein, und die Erwachsenen müssen sich oft damit zufriedengeben, ein ums andere Mal im Kreise zu gehen.

Dieses abwechslungsreiche Spiel vereint Gesang, rhythmische Wiederholung, Versteckspiel, Erwartung, Spannung, wilde Jagd und angenehme Lösung der Spannung, wenn man gefangen wird oder jemanden fängt. Der ganze Körper spielt mit, und die Kinder haben Gelegenheit, wirklich aus sich herauszugehen. Aber auch in ihrem Inneren spielt sich dabei vieles ab!

Wie Kleinkinder spielen

Das Kleinkind übt und erweitert ständig sein sprachliches und motorisches Repertoire. Es unterhält sich selbst mit seinen täglichen Entdeckungen und braucht eigentlich überhaupt kein Spielzeug – und erst recht keine Spielzeugtiere. Es ist ganz damit beschäftigt, den eigenen Körper und die geliebten Menschen in seiner Umgebung, die es umsorgen, kennenzulernen.

Wenn das Kind soweit ist, daß es sich aufsetzt, sich hinstellt und seine ersten Schritte macht, kann es besser das Tun und Lassen der Erwachsenen aus der Nähe beobachten. Nun werden die Hände nicht mehr zum Krabbeln benötigt, daher kann es die Gebärden und Bewegungen seiner Vorbilder nachmachen. Die Nachahmung – das ist der phantastische Trieb, der dem Menschenkind vom ersten Tag seines Erdendaseins bis zum Alter von etwa neun Jahren ermöglicht, mühevoll und unablässig um die Vervollständigung seiner Geschicklichkeit zu ringen. Ein Kind, das liebevoll umsorgt wird und sich geborgen fühlt, weil es von verständnisvollen Menschen umgeben ist, ahmt gern nach und erforscht unternehmungslustig seine Umgebung.

Für ein zwei- oder dreijähriges Kind ist alles, was mit der Welt der Erwachsenen zu tun hat, willkommenes Spielzeug: Topfdeckel, Schnürsenkel, Kleider, der Inhalt des Papierkorbes, Decken, Kartons etc. Das wichtige ist allein die Verbindung mit der Tätigkeit der Erwachsenen.

Wenn man von gutem und schlechtem Spielzeug für kleine Kinder spricht, vergißt man oft das wichtigste: Nämlich *wie* man es dem Kind präsentiert.

Das weiche Kätzchen weckt Mias Interesse wahrscheinlich überhaupt nicht, wenn es nur im Eck auf dem Bett sitzt. Aber sobald jemand es in die Hand nimmt und es hervorspringen und herumspazieren, Verstecken spielen oder an Mias Nase schnuppern läßt, sieht sie es gleich mit ganz anderen Augen!

Viele Kinder brauchen einfach ihre Lieblingspuppe oder ihren Schmusehund im Bett, um überhaupt einschlafen zu können. Ohne eine ordentliche Portion Diplomatie wird es schwer sein, den Bettgenossen ab und zu zu ergattern, um ihn zu waschen.

Mit vier Jahren spielt Mia oft schon mit anderen Kindern. Gibt es keine Spielkameraden in der Nähe, können der Stoffhund oder die Puppen Rollen im Spiel übernehmen. Der Stoffhund wird dabei abwechselnd getragen und an der Leine hinterhergezogen.

Bum, bum, bum ging es die Treppe hinauf, als Christopher Robin nach der abendlichen Märchenstunde am Kaminfeuer seinen geliebten Bären Pu hinter sich herzog. Zu den klassischen Büchern «Pu der Bär» und «Pu baut ein Haus» wurde Alan Alexander Milne in den zwanziger Jahren von seinem Sohn Christopher Robin und seinen Spielsachen inspiriert. Darin fängt er die wunderbare Stimmung ein, in der ein Kind lebt, das sich zusammen mit seinen Spielzeugtieren ins Land der Phantasie begibt. Mit feinem Humor versieht er die Tiere, mit Persönlichkeit und Charakter: Ior ist Melancholiker, Ferkel ist ängstlich und wagt zunächst nur kleine Hüpfer zu machen statt großer Sprünge, bekämpft aber dann seine Ängstlichkeit und führt große Taten aus, und Pu der Bär schleckt wollüstig-phlegmatisch ein Glas Honig nach dem anderen aus!

In ihre Puppen- und Tierspiele bringt Mia das ein, was sie über Tiere weiß; dabei wird sie sich auch über ihre Gefühle für diese klar. Sie malt sich verschiedene Bilder von Hunden und Katzen aus: mal drohend, dann wieder mitleiderregend. Sie füttert, kämmt, bürstet und badet sie, bringt sie ins Bett – und redet ununterbrochen beim Spielen.

Dieses spielerische Plaudern und Reden ist die denkbar beste Vorübung zum Erlernen des Lesens, zur späteren Aneignung von Schulkenntnissen und zur menschlichen Kommunikation überhaupt. Auch der Umgang mit Erwachsenen, die wirklich zuhören, ermutigt die sprachliche Aktivität und bereichert das kindliche Ausdrucksvermögen ebenso wie das Anhören von Märchen und Gesprächen und das Singen von Liedern, nicht dagegen regelmäßiges Fernsehen.

Jetzt bist du mein Herrchen!

Quirlige Hunde, Katzen, Fohlen und kleine Kaninchen rufen Freude und Lust zum Spielen hervor, wie alt wir auch sein mögen. Wenn wir diesem Vergnügen nicht nachgeben wollen, haben wir ja die Möglichkeit, statt dessen unserem Hund das Apportieren beizubringen.
Auch wenn Kinder in ihrer Umgebung kein Tier haben, wird man feststellen, daß ihre Spiele oft von Tieren handeln. Vor allem verkörpern sie oft selbst verschiedene Tiere in ihren Spielen. Die vierjährige Mia spielt mit Begeisterung Hund oder Katze. Leise vor sich hinkläffend oder schnurrend, kriecht sie auf allen vieren hinter ihrem Vater her. Er ist jetzt ihr Herrchen, und sie zieht ihn, um Aufmerksamkeit heischend, am Hosenbein und bettelt mit herzbewegendem Blick, gestreichelt zu werden. Sie streicht um seine Beine, und schließlich bewegt sie ihn dazu, sich in die Rolle des gewissenhaften Herrchens einzuleben.
Als er eben seine Hemmungen überwunden hat und ihm seine Rolle zu gefallen beginnt, entdeckt er zu seiner Enttäuschung, daß Mia gar

kein Haustier mehr ist! Sie hat sich plötzlich mit einer für ihn unbegreiflichen Flexibilität in seine anspruchsvolle und ungeduldige Mutter verwandelt. Der Vater seufzt, sieht verstohlen auf seine Uhr und findet die Lebenslust seines Töchterchens beneidenswert.

Lebendige Vorbilder sind für diese variationsreichen Spiele am wichtigsten. Was die Erwachsenen tun, will Mia später, wenn sie groß ist, genauso machen.

In reizvollen, skizzenhaften Szenen spielt sie die Bewegungen verschiedener Tierarten durch und ahmt dabei deren Laute nach: die watschelnde, schnatternde Ente, das mit den Füßen scharrende, gakkernde Huhn, die schleichende Katze, der auf allen vieren dahinhüpfende Affe, der sich wiederholt hinsetzt, in die Runde schaut und sich dann nachdenklich kratzt.

Tiere oder Autos als Vorbilder?

Es ist leicht zu verstehen, daß Kinder früher viel öfter Pferd spielten als heute. Seit Traktoren und andere Maschinen in der Landwirtschaft überwiegen und glatte, glänzende Autos in bunten Farben die Städte mit ihrem Lärm und ihren Abgasen erfüllen, werden die Kinder mehr oder weniger dazu gezwungen, mechanische Bewegungen nachzuahmen.

Den alten Bierwagengaul an der Straßenecke gibt es nicht mehr. Die Ruhe, die von ihm ausging, wurde vom nervösen Tempo der Autos abgelöst. Es ist wert, darüber nachzudenken, welchen Einfluß Eindrücke, denen die Kinder tagtäglich ausgesetzt sind, auf diese haben. Wie wirkt es sich auf die Stimmbänder aus, wenn man den ganzen Tag brummt und quietscht wie ein Auto?

Das Pferd als Transportmittel war etwas Lebendiges im Dasein der Kinder. Jedes Pferd hatte seinen individuellen Hufschlagtakt, der von den Kindern im Spiel nachgeahmt wurde und somit insgeheim eine rhythmische Übung darstellte. Mechanische Bewegungen und gleichmäßiges Gleiten und Rollen dagegen sind zum spielerischen Nachahmen weniger geeignet, weil diese für uns keine natürlichen Bewegungen sind.

Wir können ein Kind kaum daran hindern, Autos nachzuahmen oder damit zu spielen, solange wir selbst das Auto wie eine «heilige Kuh» behandeln. Dagegen können wir den Kindern andere Werte und Dinge nahebringen, zum Beispiel ihr Interesse für die Natur und die Tierwelt wecken. Bei der Wahl ihres Spielzeugs werden wir sie zugunsten natürlicher Dinge vorsichtig zu beeinflussen versuchen.

Die Prinzessin, die nicht spielen wollte

Bekommt das Vierjährige seinen Modellbauernhof gleich komplett mit Tieren versehen, ein Puppenservice in 40 Teilen, Hunderte von kleinen Autos, Mengen von Puzzles, Kartons voller ferngesteuerter Fahrzeuge, Eisenbahnen und Tonbandgeräte, können wir genau das verursachen, wovon Astrid Lindgren in ihrem Märchen «Die Prinzessin, die nicht spielen wollte» erzählt. Diese kleine Prinzessin bekam nämlich so viele schöne Spielsachen, daß sie schließlich alle ihre Puppen satt hatte. Aber als ein armes Nachbarkind mit ihrer einfachen Stoffpuppe auftauchte, war die Prinzessin so begeistert, daß sie sie mit Vergnügen gegen eine der prächtigsten Puppen aus ihrer eigenen Sammlung tauschte.

Wenn ein Kind von einer solchen Menge von Dingen umgeben ist, daß es für ein kleines Spielwarengeschäft ausreichen würde, wird es am Spielen gehindert. Allein schon vor der Entscheidung zu stehen, womit es als nächstes spielen soll, lähmt ihm jeden Entschluß. Das Spielen wird dann nur zum großen Regaleausräumen.

Kleinkinder spielen gerne mit Tieren, die zum Beispiel aus einem Stück Holz ausgesägt worden sind. Mit ein bißchen Geschick kann man dabei die verschiedenen Maserungen der Hölzer bzw. deren jeweilige Laufrichtung bei den verschiedenen Tieren unterschiedlich mit einbeziehen. Das Gefieder eines Vogels, die Mähne des Löwen oder das glänzende Fell des Seehunds lassen sich so darstellen. Äste und Astlöcher in den Brettern sind dabei besonders günstig. In der Phantasie der Kleinkinder können Zapfen, Steine, Äste oder auch ein geknäulter Handschuh, ein Stückchen Stoff ein Tierchen werden.

Im Schulalter dagegen wollen die Kinder in zunehmendem Maße mit ihren Spielen etwas «Richtiges» erreichen. Die von ihnen gezeichneten Tiere sollen echt aussehen und ihre Spiele werden immer realistischer. Der Übergang zum Erwachsensein bereitet sich vor.

Jüngere Schulkinder, hauptsächlich Mädchen, spielen gern mit Puppen und Tieren, die eine «Aussteuer» haben: Pferde mit Decke, Sattel, Zaumzeug, Eimer und Striegeln. Das alles selbst zu machen, würde ihnen viel Spaß bereiten.

Welten gestalten

Der zehnjährige Peter sammelt Briefmarken und zeichnet Karten von fremden Ländern, während Helene Bilder von verschiedenen Hunderassen sortiert. Sie ordnen und teilen ein, erfinden eigene Systeme und genießen den dabei gewonnenen Überblick. Sie versetzen sich in der Phantasie hoch über Städte und Länder, um sie aus der Vogelperspektive betrachten zu können. Sie klettern auf Bäume und Dächer, suchen nach Aussichtspunkten, um ihr Blickfeld zu erweitern.

Das ist das Alter, in dem Welten gestaltet werden; Städte und Parks werden am Sandstrand angelegt und am Wasser sinnreiche Hafen- und Deichsysteme konstruiert. In diesem Alter meint man, daß es unter der eigenen Würde liege, im Sandkasten zu spielen. Sollte es aber trotzdem passieren, ist der Sand sehr bald von Tunneln untergraben und mit Brücken überbaut. Sitzt man zu Hause, füllt sich der Zeichenblock mit Grundrissen von Superfabriken, die die erstaunlichsten Produkte herstellen sollen. Der Architekt im Kind ist erwacht. Traumhäuser, Ställe und heimliche Inseln werden gezeichnet, und man verschlingt natürlich Unmengen von Büchern, die von Phantasieländern erzählen.

Erst in diesem Alter sollten Kinder komplette Spielzeugsätze, detaillierte Miniaturen von Tieren, Menschen und Maschinen bekommen. Aber warum sollen wir ihnen Fabrikprodukte schenken? Wir wollen lieber ihre Schaffenskraft anregen!

Marlene und Peter können sehr wohl im Alter von elf und zwölf Jahren die in diesem Buch beschriebenen Tiere selbst nähen. Sie können sie mit eigenen Modellen ergänzen, um damit die Arche Noah zu bevölkern oder einen Bauernhof, Reitstall, eine Hundeausstellung oder eine andere gewünschte Welt aufzubauen.

Im Weltenbauspiel haben Kinder die Möglichkeit, ihren Zukunftsträumen Ausdruck zu verleihen. Hier sind sie die «Herren der Schöpfung», die mit großem Eifer und sprudelnder Lebenslust die Schicksale ihrer Untertanen lenken.

Was ist es aber für eine Welt, die wir sie in ihren Spielen widerspiegeln lassen? Haben sie denn die geringste Ursache zum Stolz und Optimismus auf das Erbe, das wir ihnen hinterlassen? Das unkontrollierte Freiwerden von radioaktivem Staub, der unter anderem bei Kernkraftwerksunfällen entsteht, gehört zu den kriminellsten Handlungen, deren sich der Mensch seinen Nachkommen gegenüber schuldig machen kann. Außer akuten Strahlungsschäden und zukünftigen Krebserkrankungen, denen eine unbekannte Anzahl junger Menschen zum Opfer fallen wird, bewirkt die Angst und die Unsicherheit der Eltern und ihre vollständige Machtlosigkeit vis-à-vis der ungreifbaren Bedrohung eine Atmosphäre voller Unsicherheit und Einschränkungen während der wichtigen Wachstumsjahre.

Wie wird es wohl werden, wenn radioaktive Wolken häufiger auftreten, wenn jede Stadt mit Geigerzählern versehen ist, die Alarm auslösen, sobald die Radioaktivität die amtlich festgelegten Grenzwerte übersteigt?

«Komm sofort her, Kind! Nein, du sollst doch nicht an allem lecken! Du weißt doch, daß du keine Beeren essen darfst! Nimm dich vor der Erde in acht. Atme nicht so tief! Wo hast du nur deinen Schutzanzug? Beeil dich, wir müssen sofort duschen!»

Diese neue, unsichtbare und ungreifbare Gefahr wird beim bewegungsfreudigen Kind, das ja sowieso schon durch den Straßenverkehr und das Fernsehen am aktiven Erforschen der Umwelt gehindert wird, unmeßbare Schäden anrichten in Form von existentiellen Ängsten und gestörtem Glauben an die Zukunft.

Wir sind offenbar bereit, die uns umgebende wunderbare, großzügige Natur um des Wohlstands willen langsam zu vergiften und unbewohnbar zu machen!

Freie Spiele im Freien

Nicht nur äußere, umweltbedingte Begrenzungen hindern Kinder an freiem und spontanem Spiel. Auch der Ehrgeiz der Erwachsenen, ihr Kind auf die eine oder andere Weise zum Star zu machen, kann ernsthafte Einschränkungen für die Bewegungsfreiheit des Kindes mit sich führen.

Das frei spielende Kind benutzt alle seine Sinne, übt und probiert,

erfindet ständig neue Spiele, neue Bewegungen und neue Regeln. Es sucht unablässig nach Variationsmöglichkeiten.

Jetzt, wo die Zwillinge Peter und Helene zehn Jahre alt sind, beherrschen sie ihren Körper ausgezeichnet. Sie stellen die Nerven ihrer armen Eltern auf harte Proben, wenn sie geschickt auf Dachfirsten entlangbalancieren, sich von einem Ast zum anderen schwingen und unbekannte Höhlen erforschen. Glücklicherweise wissen ihre Eltern nicht einmal die Hälfte von dem, was sie sich einfallen lassen. Dies ist das wahre Pippi-Langstrumpf-Alter!

Aber statt die Entdeckerfreude ihrer Kinder zu fördern, glauben viele Eltern, deren Freizeit statt dessen genau planen zu müssen. Kurse und Veranstaltungen verschiedener Art sollen nach der Schule besucht werden, und falls dann noch Zeit bleibt, sieht man fern oder Video. Wo sind die fröhlichen Kinder, die früher hordenweise in jedem Wäldchen Hütten bauten, Indianer oder Seeräuber spielten? Wo ist der Frechdachs Bill (aus den Billbüchern von Richmal Cromton) mit seinem strubbeligen Haarschopf und dem Dorfköter, den er aufgelesen hat, und der ihm treu wie ein Schatten folgt? Sitzen sie womöglich sittsam in einem Saal und lauschen einem Vortrag über das Paarungsverhalten der Frösche? Warum läßt man sie nicht lieber selbst durch Wald und Flur streifen, damit sie Kaulquappen fangen und in ein Glas stecken können und dem Gesang der Vögel und dem Quaken der Frösche zuhören?

Die Neugierde und der Appetit auf neue Erfahrungen sind charakteristisch für den Menschen. Bei der Erforschung der Umwelt werden Intellekt und Phantasie beansprucht. Begrenzen wir von frühester Kindheit an die kindliche Bewegungsfreiheit durch regelmäßige einseitige Übungen, können die den Menschen kennzeichnende Offenheit und sein Schöpfungsvermögen gehemmt werden oder sich in etwas verwandeln, das mehr an die Spezialisierung erinnert, die für die Tierwelt typisch ist. Das junge Kätzchen spielt zwar auch, aber sein Spiel ist hauptsächlich eine Übung, damit es später eine geschickte Mäusefängerin werden kann.

Läßt man also ein Kind lange Zeit jeden Tag sehr einseitige Übungen ausführen, kann es dadurch gehindert werden, vielseitige Erfahrungen zu machen. Durch eben diese Einseitigkeit läuft es Gefahr, den Tieren «ähnlich» zu werden. Das Wachstum der Muskeln wird beeinträchtigt und in extremen Fällen die gesamte Körperentwicklung. Rücken-, Skelett- und Muskelschäden, verspätete Geschlechtsreife oder ganz ausgebliebene Menstruation sind die Folgen von intensivem Gymnastiktraining der Kinder.

Wir bezeigen unseren Kindern wohl kaum Respekt, wenn wir in ihnen das Rohmaterial für zukünftige Elitesportler, musikalische Wunderkinder oder wissenschaftliche Genies sehen und sie dementsprechend behandeln. Seinem Baby das Lesen oder Schwimmen, ein Training, das auf die angeborenen Reflexe baut, beibringen zu wollen, hieße der Integrität des Kindes Gewalt anzutun, sein Menschsein zu leugnen und es zu behandeln wie ein junges Tier, das sich frühzeitig spezialisieren muß.

Wir sollten mit Zuversicht darauf warten, daß das Kind seine Individualität selbst entwickelt, daß es sein Ich und damit seinen Lebensweg findet. Unsere Aufgabe dabei ist, ihm Hindernisse aus dem Weg zu räumen, den es sich gewählt hat, und es sicher zu geleiten.

Das Tier in Märchen und Fabel

Für uns moderne, «aufgeklärte» Menschen kann es manchmal schwierig sein, das einseitige, in Märchen und Fabeln vermittelte Bild von Tieren hinzunehmen. Aufgrund neuer Forschungsresultate, die uns von den Gewohnheiten und Eigenschaften der verschiedenen Tierarten unterrichten, wünschen wir uns eine nuancenreichere Schilderung. Besonders der Wolf wird im Märchen sehr negativ dargestellt.

Aber der Wolf aus dem Märchen ist kaum mit den wenigen Artgenossen verwandt, die noch in entlegenen Waldgebieten, zum Beispiel in Schweden, herumstreifen und unter Naturschutz stehen. Der Wolf als Märchengestalt bevölkert ebenso wie die Drachen, Hexen, Königs- und Müllersöhne, Prinzessinnen und bösen Schwestern eigentlich die Innenwelt des Menschen! Der Wolf steht dort für das Finstere, Lügenhafte und die Triebe in der untersten Schicht unseres Seelenlebens.

Wenn wir Kindern ein Märchen erzählen, müssen wir uns selbst völlig über den Unterschied zwischen dem wahrhaft existierenden und dem inneren Wolf im klaren sein, von dem das Märchen handelt. Die alten Volksmärchen schildern oft, jedoch nicht immer, diese

Der Fuchs ist äußerst listig und verschlagen und führt oft den Bären an der Nase herum. Die Ameise schleppt sich mit ihrer Tannennadel ab, fleißig und unverdrossen. Die Grille musiziert den lieben langen Tag und denkt nicht an den Winter. In der Fabel repräsentiert jedes Tier eine gewisse menschliche Eigenschaft, eine Schwäche oder Stärke.

46

innere Wirklichkeit. Man kann die Märchen jedenfalls so verstehen. Wenn man sich dieser Tatsache bewußt ist und weiß, daß das Märchen wichtige psychologische Einsichten in Form von Bildern vermitteln kann, dann glaubt man auch an Trolle, Riesen und Drachen, das heißt, man sieht sie als Sinnbilder für eine Wahrheit. In diesem Fall wird das Kind das Märchen mit Ernst und Einfühlungsvermögen anhören.

An Waldorfschulen werden in den ersten Schuljahren Märchen und Fabeln, Sagen und Legenden erzählt. Daraus beziehen die Kinder Stoff für ihr «Bild»ungsvermögen. Sie dürfen staunen und lachen, sie dürfen erfahren, daß die Welt voller Wunder ist, die ihnen der Lehrer vor Augen führt.

Im nächsten Kapitel kommen wir darauf zu sprechen, wie wesentlich es ist, daß Kinder wirklich stark und intensiv *fühlen* dürfen, daß die persönlich empfundenen Schilderungen des Lehrers sie mitreißen.

Der erste Tierkundeunterricht an einer Waldorfschule ist kein Studium mit Lupe und Millimetermaß, auch kommen keine Karten der geographischen Ausbreitung verschiedener Tierarten vor, keine Aufzählungen, kein Vergleichen der Rückenwirbel einzelner Arten miteinander, keine inneren Organe im Querschnitt und keine sonstigen Daten in langen Ziffernkolonnen. Dieses Erwerben von exaktem Wissen kann von der neunten Klasse an geschehen, vorausgesetzt, daß das Sammeln von Fakten in einem sinnvollen Zusammenhang geschieht.

Wenn in der zweiten Klasse eine Tierfabel erzählt wird, entspricht wahrscheinlich das Bild, das den Kindern vermittelt wird, nicht ganz dem Tier der Wirklichkeit. Dagegen lernt das Kind auf unterhaltsame Weise Wissenswertes über menschliche Eigenschaften, was Anlaß zu Gedankenaustausch geben kann.

Viele moderne Märchenbücher sind in Fabelform geschrieben und enthalten moralische oder humoristische Geschichten. Ein paar von Arnold Lobels Fabeln in «Der Bär der modern sein wollte» sind sehr hübsch. Für Sieben- bis Achtjährige eignen sich Gustav Sandgrens Bücher von der Katze Jaum. In drolligen Episoden wird geschildert, wie die freche Maus Caroline der Katze das Leben schwer macht.

In der vierten Klasse versucht der Lehrer dann, den Kindern verschiedene Tiere eingehender zu beschreiben und ihnen ein anschauliches Bild von ihren Lebensgewohnheiten zu vermitteln. Er wird aber auch

jetzt Tiere wählen, deren Wesen menschliche Eigenschaften widerspiegeln kann, Tiere, die verschiedene Seiten der menschlichen Natur
repräsentieren.

Märchendeutung

Die in den Volksmärchen gebräuchlichen sprachlichen Bilder sind oft
schon sehr alt. Aber viele Märchen sind im Laufe der Jahrhunderte
verändert und verfälscht worden, haben einen moralisierenden
Schluß bekommen oder sind miteinander verschmolzen, so daß daraus lange, unübersichtliche Geschichten mit gemischtem Inhalt wurden. Wer Märchen mit Gewinn lesen will, muß aufmerksam und mit
Überlegung lesen. Stimmen die Bilder, sind sie wahr und ursprüng-
lich? Was wollen sie vermitteln?
Friedel Lenz war in Deutschland bekannt und beliebt für ihre Vor-
träge über Volksmärchen, welche davon zeugten, daß sie im wahrsten
Sinne des Wortes mit den Märchen lebte. Bis zu ihrem Tode 1970
deutete sie diese mit großartigem Einfühlungsvermögen. Diese Deu-
tungsversuche findet man unter anderem in den Sammelbänden
«Bildsprache der Märchen» und «Das Tier im Märchen». Das letztge-
nannte Buch ist bei den folgenden Märchendeutungen meine Quelle
gewesen.
Friedel Lenz sieht im Märchen sowohl die Geschichte der ganzen
Menschheit als auch das Schicksal des einzelnen. Das junge Ich (der
Königssohn) muß Proben bestehen. Oft sind es wilde Tiere (Laster
und Triebe), die überwunden werden müssen, damit er das Ziel
erreicht: Die Vermählung mit der Prinzessin, das heißt die Vereinigung des Ichs mit der Seele. Gemäß dieser Leseart ist das Märchen ein
Weg der inneren Schulung, den jeder beschreiten kann.

Der Löwe

Der König der Tiere ist ein achtungsgebietendes, mächtiges wildes
Tier mit breiter Brust und majestätischem Haupt. Er blickt ruhig und
beherrscht um sich. Auch in der Ruhestellung ist er stets konzen-
triert.

Besonders während des Mittelalters war der Löwe ein Symbol des Stolzes und der Tapferkeit und kommt daher in unzähligen Wappen und Emblemen vor.

In dem Märchen «Der Königssohn, der sich vor nichts fürchtet» der Brüder Grimm zieht der junge Held aus, um einen Apfel vom Baum des Lebens zu pflücken. Er findet den Garten, der aber von einem Ring wilder Tiere umlagert und von einem eisernen Gitter umgeben ist. Furchtlos überwindet er die Hindernisse, klettert auf den Baum und nimmt einen Apfel. Als er zurückgeht, erhebt sich einer der Löwen und folgt ihm auf dem Fuß, gefügig und hilfsbereit.

Friedel Lenz deutet dieses Märchen folgendermaßen: Der Mensch muß, um den ersehnten Apfel vom Baume des Lebens zu erlangen, seine Triebe überwinden (über die wilden Tiere hinwegsteigen). Dazu gehört Mut. Bringt ein Mensch (der Königssohn) diesen Mut auf, verwandeln sich die Begierden und Triebe in demütige Diener: Der Löwe folgt ihm nach.

Der Fuchs

Auch in der Lenzschen Auslegung ist der Fuchs Sinnbild für List und Schlauheit, die aber instinktmäßig bedingt sind. Man könnte diese Eigenschaften auch als eine Art Selbsterhaltungstrieb bezeichnen,

«Zähme mich!» sagt in Saint-Exupérys Erzählung der Fuchs zum kleinen Prinzen. (Frei nach einer Zeichnung des Verfassers.)

der, wenn er nicht unterdrückt wird, leicht in Selbstsucht ausarten kann.

Der Fuchs wird in den meisten Märchen und vor allem in Fabeln weltmännischer und durchtriebener geschildert als alle anderen Tiere. Das schönste Märchen von einem Fuchs sei «Der goldene Vogel», meint Friedel Lenz. In diesem Märchen hat der Vogel im Schutze der Dunkelheit einen Goldapfel aus dem Garten des Königs entwendet. Die Königssöhne sollen nun der Reihe nach versuchen, den Dieb auf frischer Tat zu ertappen. Die beiden älteren schlafen dabei ein, aber dem Jüngsten gelingt es. Als sie sich bald darauf einer nach dem anderen aufmachen, den goldenen Vogel zu suchen, treffen sie einen Fuchs, der ihnen seine Dienste anbietet. Die beiden älteren Brüder hören nicht auf ihn, sondern versuchen sogar, ihn totzuschießen. Sie reiten weiter und kommen zu einem Wirtshaus, wo sie sich's wohl sein lassen und ihren Auftrag vergessen. Der Jüngste dagegen nimmt das Angebot des Fuchses, ihm zu helfen, an.

Die Suche des Menschen (des Königssohns) wird rasch von Erfolg gekrönt, wenn er sich vom Fuchs (der instinktmäßigen und natürlichen Klugheit) leiten läßt. Er kann jedoch nicht jeden Rat des Fuchses befolgen; die Folgen davon werden in diesem Märchen dargestellt.

Die Kuh

Die Kuh liegt meist ruhig wiederkäuend auf der Weide und gibt sich ganz ihrem Stoffwechsel hin. Die lebenserhaltenden und lebensspendenden Kräfte, die die Kuh in so hohem Maße besitzt, heißen in der germanischen Mythologie Audumla. Wenn im Märchen eine Kuh von einem Drachen geraubt wird, kann das so gedeutet werden, daß die primitive, egoistische Sinnlichkeit (der Drache) unsere Lebenskraft (die Kuh) stiehlt oder sie sogar verzehrt (der Drache verschlingt die Kuh).
Nicht nur der Drache, sondern auch der Riese hat es im Märchen oft auf unsere Lebenskraft abgesehen.

Die Taube

Das schönste an der Taube ist ihr Flug, meint Friedel Lenz. Nicht im Steigen, wie zum Beispiel beim Adler oder Falken, sondern im freien, lebhaften Flug, wenn sie in Wellenbewegung an Höhe verliert, zeige sich dies. Dieses Auf- und Niederflattern ist möglicherweise der Grund dafür, das wir im Flug der Taube das Bild des von oben herabsteigenden Geistigen sehen, das Symbol des Heiligen Geistes.

Die Taube spielt eine bedeutende Rolle in dem Märchen vom Aschenputtel.
Als der König zum Ball im Schloß einlädt, will Aschenputtel hingehen. Aber die böse Stiefmutter schüttet eine Schüssel Linsen in die Asche und sagt, daß Aschenputtel nur mitgehen dürfe, wenn sie die Linsen in zwei Stunden ausgelesen habe.

In ihrer Not ruft das Mädchen die Tauben zu Hilfe (die geistigen Kräfte): «Ihr zahmen Täubchen, ihr Turteltäubchen, all ihr Vöglein unter dem Himmel, kommt und helft mir lesen,
die guten ins Töpfchen,
die schlechten ins Kröpfchen.»
Die Tauben und die anderen Vögel helfen ihr nicht nur die Linsen aufzulesen, sondern sortieren auch die unfruchtbaren aus. Sie kann also die geistigen Kräfte bitten, alles Unfruchtbare von ihr zu nehmen. Darauf schenken die Tauben ihr prächtige Kleider, so daß sie zum Ball des Königssohnes gehen kann. Schließlich bringen die Tauben es auch an den Tag, wer die rechte Braut ist und strafen die feindlichen Mächte mit dem Verlust des Augenlichtes.

Der Wolf

Der Fenriswolf, der Gefährte des Loki in der germanischen Mythologie, repräsentiert Verrat, Lüge und die dunklen Mächte, die den Menschen vom Licht der Wahrheit fernhalten und das Äußerliche, Materielle oder Sinnliche als das einzig Richtige darstellen.
Wenn der Wolf seine Beute verschlingt, wird, so die Lenzsche Deutung, unser inneres Licht verdunkelt.
Rotkäppchen (das Mädchen ist ein Symbol für die Seele des Menschen) wird vom Wolf dazu verlockt, sich den sinnlichen Eindrücken der Welt hinzugeben:
«Rotkäppchen, sieh einmal die schönen Blumen, die ringsumher stehen. Ich glaube, du hörst gar nicht, wie die Vöglein so lieblich singen?» sagt er zu ihr.
Als das Mädchen seinem Rat folgt, vergißt sie die Großmutter (die Weisheit), wodurch diese den dunklen Mächten zum Opfer fällt.
Man kann aber der Dunkelheit im Bauch des Wolfes auch eine positive Seite abgewinnen, meint Friedel Lenz. Erlischt in dieser Finsternis die Hellsicht, die die Menschen früher in so viel höherem Grad als heute besaßen, so wird statt dessen ein neues Bewußtsein geweckt, nämlich das messerscharfe Denken, das der Jäger mit seiner Schere verkörpert.
Für Friedel Lenz ist die entscheidende Frage die, ob man von wölfischer Gier beherrscht wird oder einen gesunden und notwendigen Sinn für das Irdische, Materielle hat.

Menschen in Tiergestalt und vermenschlichte Tiere

Im Seelischen des Menschen lebt eine reiche Bilderwelt mit Wölfen, Füchsen, Tauben, Königssöhnen und Prinzessinnen, Meeren und Bergen. In dieser Landschaft spielen sich ständig atemberaubende Abenteuer ab.

Etwas davon wollen wir sichtbar machen, wenn wir uns zum Fasching oder Karneval als Tier maskieren. Außerdem gilt es natürlich, einander zu erschrecken und zu locken, an der Nase herumzuführen und in Erstaunen zu versetzen. Auf Jahrmärkten und auf der Kirmes, bei Fastnachtsumzügen und Zirkusvorstellungen kommen oft als Tiere verkleidete Menschen vor.

Im Zirkus und auf Jahrmärkten sieht man auch dressierte Tiere, die sich menschlich aufführen: tanzende Bären, Hunde, die Kunststücke vorführen, Seehunde, die Bälle auf der Schnauze balancieren und Rutschbahn fahren.

Warum versuchen wir aber überhaupt, Tiere zu vermenschlichen?

Wir kleiden den Affen in Hemd und Hose, lehren ihn, mit Messer und Gabel zu essen, und bewundern die Begabung, die er beim Bildermalen zeigt. Ist es das Tier *in uns*, sind es *unsere* Triebe und Laster, die wir auf diese Weise zu verkleiden versuchen? Aber der arme Affe wird uns kaum helfen können, unsere Probleme zu lösen. Das einzige, was wir erreichen, ist, daß wir ihn in eine erniedrigende Situation versetzen, die seiner Natur ganz fremd ist. Es ist nicht möglich, das Tier in uns auf diese Weise zu beherrschen!

In Bilderbüchern für Kinder wimmelt es von verkleideten Tieren. In unserem Eifer, die Kinder zu unterhalten, zeigen wir ihnen Tiere mit menschlichen Gewohnheiten. Sie gehen auf zwei Beinen, benutzen ihre Pfoten oder Hufe zum Kochen und Abwaschen, zum Autofahren und zum Arbeiten in der Werkstatt. Sie haben Hütchen auf und Schürzen an.

Eine harmlose Vorgängerin auf diesem Gebiet der Kinderliteratur war Beatrix Potter mit ihren Kaninchenbüchern.

Es gelang ihr, was nur wenige ihrer Nachfolger fertigbrachten: nämlich solides Wissen über die Eigenart und Gewohnheiten des Kaninchens mit dessen Vermenschlichung zu kombinieren.

Wenn man jedoch, wie es zum Beispiel bei Richard Scarry oft der Fall ist, die Welt der Bären vollständig verläßt und die armen Tiere zu

Ein von B. Potter inspiriertes Kaninchen

Comicstripschablonen degradiert, die auf den Buchseiten zwischen fröhlich tutenden Autos, Baggern und anderem technischen Kram herumklettern, ohne viel Anspruch auf Zusammenhang, verliert die Geschichte allen Sinn. Das Tier ist mehr noch ein niedliches Requisit, das der verqueren Phantasie eines Erwachsenen entsprungen ist. Von seiner Wesensart erfährt das Kind nichts mehr. Der Eindruck des Gezwungenen, Willkürlichen und damit Beliebigen entsteht.

Tierkunde in der Schule

Daten speichern oder erleben?

«Im Vorschulalter spalten wir die Welt nicht in verschiedene Teilgebiete oder Bereiche auf, wie es Erwachsene im allgemeinen tun. Ein solcher Bereich wäre, vom intellektuellen Standpunkt gesehen, die Mineralogie, ein anderer die Biologie, die Welt der Pflanzen und Tiere. Aber für kleine Kinder gehört das alles eigentlich in die Menschenwelt, weil sie zwischen sich selbst und der Umwelt noch keinen Unterschied machen. Alles ist ein einziges, kontinuierliches Abenteuer, ganz wie vor dem Sündenfall.»

Dies schrieb der inzwischen verstorbene, norwegische Waldorflehrer Christian Faye Smit 1973 in der schwedischen, pädagogischen Zeitschrift På Väg Nr. 2/1973.

Kleineren Kindern können Tiere wie Märchenwesen vorkommen. Es ist wichtig, daß sie das für die Kinder auch bleiben dürfen, und die Kinder nicht zu der krassen und objektiven «wissenschaftlichen» Betrachtungsweise gezwungen werden, die wir Erwachsenen uns angeeignet haben.

Weiter heißt es: «Ein deutliches Beispiel dafür, wie stark sich Kinder zu Tieren hingezogen fühlen, ist die große Freude, mit der sie in ihren kleinen dramatischen Aufführungen Tiere gestalten und Tierrollen spielen.

Sie können sich so in das Katze-, Hund-, Pferd- oder Krokodilsein hineinversetzen, als ob sie die verschiedenen Tiergattungen körperlich erlebten. Einmal sollte ein Junge aus einer ersten Klasse ein Wildschwein spielen, vergaß aber mitten im Stück, was das Wildschwein sagen sollte. Obwohl er nicht weiter wußte und allen Grund gehabt hätte, sich vor Verlegenheit den Kopf zu kratzen, fiel er nicht aus der Rolle. Er wendete sich nur mit langgezogenem Grunzen an den Lehrer, der hinter den Kulissen stand und fuhr fort, kehlige Laute auszustoßen, bis dieser ihm soufflierte und er weitersprechen konnte.

Der Zoologieunterricht baut auf eben diese Fähigkeit, sich einzuleben, und auf das Gespür der Kinder dafür, was zueinander paßt. Wollte man jedoch auf diesem Niveau verharren, würde der Unterricht stagnieren.

Wenn das Alter von neun Jahren überschritten ist, will man nicht mehr Hund, Katze oder Krokodil sein, sondern die Tiere in einem zoologischen Zusammenhang verstehen. Jetzt ist es an der Zeit, daß man den Kindern die Welt der Tiere auf andere, neue Weise nahebringt.»

Mit ungefähr neun Jahren gewinnt das Kind mehr Distanz zu seiner Umwelt. Das ist eine Art Vorspiel zur Pubertät, wo das Abstandnehmen sich in dramatischen Formen wiederholt.

Sich mit den Tieren vergleichen

Mit neun oder zehn Jahren wünscht man sich einen sachlicheren Unterricht als bisher. Man interessiert sich für ausführliche und sachkundige Beschreibungen des Verhaltens der verschiedenen Tierarten und ihrer jeweiligen Biotope. An Waldorfschulen hat man gewöhnlich in der vierten Klasse eine erste Epoche in Tierkunde.

Die Kinder genießen es, zu erleben, wie der Mensch sich von den Tieren unterscheidet, und zu untersuchen, was er alles mit diesen gemeinsam hat. Nach engagierten Tierbeschreibungen des Lehrers kann man von Kindern oft spontane Kommentare hören, die zeigen, daß sie mit Vorliebe Eigenschaften der Tiere auf sich beziehen:

«Fräulein, gucken Sie mal, ich habe ja auch ein bißchen Schwimmhaut zwischen den Fingern!» Oder: «Die armen Pferde, die können ja gar nichts in den Händen halten!»

Beim Vergleich mit dem Pferd entdecken die Kinder, daß dieses große Tier wirklich zum Springen, Traben und Galoppieren geschaffen ist. Seine Hände sind zu Füßen geworden. Der Affe dagegen hat auch an den Füßen Greiffinger entwickelt. Er bewegt sich hauptsächlich mit Hilfe seines Greifvermögens fort, indem er sich von Ast zu Ast schwingt.

Zusammen mit dem Lehrer staunen die Kinder darüber, daß die Tiere mit so großen Gaben bedacht worden sind. Sie brauchen nicht mühsam zu lernen, was sie für ihr Leben als ausgewachsene Tiere können müssen, sondern ihr Instinkt sagt es ihnen. Aber andererseits haben sie nicht die Freiheit des Menschen, etwas Neues auszuprobieren.

Faszinierende und amüsante Tierstudien haben zum Beispiel Konrad Lorenz als auch Niko Tinbergen in zahlreichen Büchern vorgelegt. Über eine Freundschaft mit einem Rotkehlchen erzählt Alexandra Röhl in ihrem reizenden Büchlein «Duette mit ihm».

Tiere sind spezialisiert

Jede Tiergattung ist auf ihre typische Weise spezialisiert und manchmal so weitgehend, daß wir Menschen ihre Geschicklichkeit bei weitem nicht erreichen.

Die Wespe erfand zum Beispiel schon lange vor uns das Papier! Der Biber baut seine kunstvollen Dämme und staut die Gewässer, die Zugvögel finden mit unglaublicher Präzision den Weg zurück zu ihren Nestern vom Vorjahr.

Die Arteigenheiten einer jeden Tiergattung entscheiden, in welchen Lebensraum und damit auch in welches Klima sich ein Tier einfügen kann. Dabei finden sich ausgesprochene «Spezialisten»: Pinguine können ihre Jungen in extremer Kälte ausbrüten, Seehunde schlafen unter Wasser und kommen regelmäßig zum Atemholen an die Wasseroberfläche. Vierfüßige Wiederkäuer, die in großen Herden leben, haben sich dem Leben auf der weiten Prärie angepaßt. Der Panda ist so spezialisiert, daß er sich von einem einzigen Gewächs ernährt.

Der Mensch dagegen hat sich aus solch begrenzender Abhängigkeit freigemacht. Er trotzt jedem Klima, und es gelingt ihm oft, durch seine Erfindungen die von der Natur gesetzten Grenzen zu umgehen. Er wohnt in Wüsten, hält arktische Temperaturen aus, versucht mit unterschiedlichem Erfolg zu fliegen, zu schwimmen und zu tauchen, auf Bäume und Berge zu klettern, er springt, kriecht und gräbt. Er bezwingt die Elemente oder glaubt jedenfalls, das zu tun. Er ist der einzige Gebieter des Feuers. Die Zukunft allerdings wird zeigen, ob er rechtzeitig einsieht, was die Natur als Gegengabe verlangt.

Die Maus und die Kuh

Durch das Gegenüberstellen von zwei oder mehreren Tieren kann der Lehrer das Einfühlungsvermögen der Schüler steigern und ihnen erlebbar machen, wie vielseitig wir Menschen dagegen ausgerüstet sind. Als ein Beispiel dafür diene der Artikel von Erik Marstrander, einem norwegischen Waldorflehrer, der in der Zeitschrift Steinerskolen Nr. 2/79 veröffentlicht wurde.

«Auge und Ohr, Geruchs- und Gefühlssinn der Maus sind gut ausgeprägt. Wir sehen, wie das in ihrem Körperbau zum Ausdruck kommt: Ohren, Augen und Schnurrbart sind groß. Bei Gefahr kriecht sie schnell in eins ihrer vielen Löcher. Merkwürdigerweise flieht sie auch manchmal, wenn keine Gefahr droht. ‹Jemand sei ängstlich wie eine Maus›, sagen wir.

Eine Kleinigkeit genügt, die Maus zu Tode zu erschrecken. Sie lebt sozusagen in ständiger Angst davor, was das Leben für sie in Bereitschaft hält.

Was frißt die Maus?

Wenn sie die Wahl hätte, nähme sie sicher am liebsten Nüsse, Speck, Käse und Wurst, also Futter mit hohem Fettgehalt, das das Endergebnis einer langen Nahrungskette ist. Wenn es kritisch wird, frißt die Maus auch Seife, die ja auch viel Fett enthält.

Wie sieht nun aber das aus, was die Maus fallenläßt? Es sind kleine, schwarze, sehr harte Klümpchen, die sich nach Verlassen des Körpers kaum verändern und deren fast steinharte Konsistenz zeigt, in welch hohem Grad die Maus alles Lebendige aus ihrer Nahrung zieht.

Damit überlassen wir die Maus eine Weile ihrem Schicksal und wenden uns einem Tier ganz anderer Art zu: nämlich der uns allen wohlbekannten Kuh. Sie steht auf der Weide, mit massivem Körper, und hält den Kopf gesenkt. Ab und zu wackelt sie mit den Ohren, um eine Fliege zu verjagen. Sie sieht, während sie kaut, schläfrig vor sich hin. Man hat den Eindruck, daß die Kiefer ständig in Bewegung sind. Grast die Kuh nicht, dann käut sie wieder.

Mit dem Kauen fängt die Verdauung aber erst an. Wenn man sich, was ich leider erst einmal gemacht habe, neben eine wiederkäuende Kuh legt, bekommt man eine Ahnung von dem gewaltigen Verdauungsprozeß, der die Kuh kennzeichnet. Viele der Laute und Sekrete, die dabei entstehen, erscheinen uns unappetitlich, aber wenn man es fertigbringt, sich diesbezüglich über die eigenen guten Manieren hinwegzusetzen, kann man nicht anders, als tief beeindruckt zu sein.

In einem unaufhörlichen Prozeß verwandelt die Kuh ihr bescheidenes Futter, das manchmal nur aus Zellulose (Stroh) besteht. Ist also das, was auf der anderen Seite herauskommt, auch mager? Unendlich großzügig ist die Kuh uns gegenüber: Sie schenkt uns ihre Milch, die uns nährt wie kein anderer Saft. Kein Tier gibt uns solche Milch und in solchen Mengen! Und als ob das nicht genügen würde, ist die Schlacke, die übrigbleibt – der Kuhfladen –, bekanntlich das reinste Lebenselexier für die Erde.

Wenn man die Tiere so präsentiert, wie ich es hier in verkürzter Form versucht habe, werden die Kinder den qualitativen Unterschied zwischen den beiden Tieren erkennen, und das gilt nicht nur für den Größenunterschied. Gehen wir noch einen Schritt weiter in unserer Darstellung. Fragen wir uns, wo und in welcher Hinsicht unser eigener Körper der Kuh und wo er der Maus gleicht. Kinder finden sofort heraus, daß unser Kopf am mausähnlichsten ist (hier befinden sich die Sinnes- und Nervenzentren) und der Magen am kuh-ähnlich-

sten (Stoffwechsel). Es ist, als ob sie es am eigenen Körper fühlten. Manchmal kommt ein ungeduldiger Schüler auf die Idee zu fragen, welches Tier wir in der Brust haben, noch ehe der Lehrer begonnen hat, das Tier zu beschreiben, an das er gerade gedacht hat. Sieht man nämlich den Körper so, wie wir ihn jetzt betrachtet haben, bilden Brust mit Herz und Lungen ein geschlossenes System, das sich vom Stoffwechsel-Gliedmaßensystem wesentlich unterscheidet. Der Leser wird leicht erraten, welches Tier eine ausgesprochen «pulsierende» Lebensweise hat. Damit will ich sagen, daß das bewußte Tier in regelmäßigen Intervallen den Ausdruck wechselt und anders auftritt. Die Kuh ist ja fast den ganzen Tag mit ihrem Magen beschäftigt, wobei sie ein gleichbleibendes Temperament zeigt. Von der Maus kann man, was ihre Lebensweise betrifft, das gleiche sagen.
Ich meine selbstverständlich die Raubtiere. Sie alle haben die gemeinsame Gewohnheit, ihren Tag abwechselnd jagend und ruhend zu verbringen. Der Löwe liegt fast den ganzen Tag und döst. Aber bei Einbruch der Dunkelheit zeigt er eine ganz andere Seite seines Wesens: ‹Die Jagd beginnt!›»
Soweit Erik Marstrander. Er stellt die verschiedenen Systeme des menschlichen Körpers bildlich in Form von drei Tieren dar, die zusammen die Funktionen des Kopfes, des Brustkorbs und des Magens symbolisieren.
Statt der Maus kann man auch den Adler wählen, der ein würdiges Symbol für den freien Flug der Gedanken und der geschärften Sinne darstellt. So ergibt sich das eben beschriebene Sinnbild des Menschen. Marstrander fügt hinzu, daß man natürlich auch drei andere Tiere wählen kann, z. B. Kamel, Seehund und Hamster.

Die Kuh, der Löwe und der Adler sind Tiere, die in vielen Kulturen eine Rolle gespielt haben. Man findet sie vereint in der Sphinx (Löwen- oder Stierkörper mit Flügeln und Menschenkopf). Außerdem gelten die drei Tiere auch als Symbole für die Evangelisten. Viele Fresken und Mosaiken zeigen den Löwen zusammen mit Markus, den Ochsen oder Stier mit Lukas und den Adler mit Johannes, während Matthäus den Menschen selbst zum Symbol hat.

Erzählerfreude

Es gilt, die Kinder die Welt ihrer inneren Bilder entdecken zu lassen, ihre Phantasie in Bewegung zu setzen. Im Unterricht sprechen wir darüber, wie es wäre, wenn wir riesig lange Nasen hätten und uns die Ohren über den Kopf legen könnten. Gelingt es uns, die Kinder zum Lachen zu bringen und selber ulkige Vergleiche zu machen, ist es um so besser.

Durch diese Art von Unterricht erwächst im Kinde ein gesteigertes Empfinden vom eigenen Charakter, der menschlichen Vielseitigkeit, Souveränität und Freiheit im Vergleich zur einseitigen Veranlagung der Tiere. Weiterhin sollte sich ein Verständnis für die Abhängigkeit der Tiere von Klima und Ernährung, für ihre Unfreiheit und Verletzbarkeit entwickeln. Daraus kann langsam eine Einsicht für die Verantwortung erwachsen, die uns das Menschsein auferlegt.

Bei dieser Art des Lernens braucht und soll man nicht schon in den untersten Klassen im Kind das Engagement für die Umwelt wecken, indem wir es mit nackten und brutalen Wahrheiten über all das konfrontieren, was wir Menschen zerstören. Das Verantwortungsgefühl und das Vermögen der Kinder, sich in eine fremde Kreatur einzuleben, wird viel stärker durch künstlerisch bearbeitete Erzählungen ausgebildet, die jeder Lehrer individuell gestaltet.

Geschichten, die man in der vierten oder fünften Klasse präsentieren kann, findet man in Selma Lagerlöfs Erzählung «Wunderbare Reise des kleinen Nils Holgersson mit den Wildgänsen».

Ein Leben in der Natur

Mit zwölf Jahren verschlingen Peter und Helene Naturbücher. Sie lesen alle möglichen Robinsonaden von Kindern, die Schiffbruch erlitten und auf eine einsame Insel verschlagen wurden, zum Beispiel Geschichten von Jules Verne oder «Die geheimnisvolle Insel» von Lisa Tetzner, um ein paar Klassiker zu nennen. Beim Lesen von «Wenn die Natur ruft» von Jack London laufen ihnen kalte Schauder den Rücken hinunter, sie lesen Indianerbücher und Pferdebücher, und sie träumen von den Urwaldlichtungen des Dschungelbuches, dicht auf Mowglis Spuren. Die Natur übt eine starke Anziehungskraft auf sie aus, und sie versuchen, ihre eigene Kraft an den ungezähmten Kräften der Natur zu messen. Wenn doch ihre Eltern und Lehrer ihnen so oft wie möglich die Gelegenheit gäben, in Wald und Feld hinauszukommen, Kanu zu fahren und zu zelten, sich heimlich Häuschen zu bauen und Vögel zu beobachten! Es reicht schon, wenn man ihnen hilft, im Morgengrauen aus dem Bett zu kommen, damit sie draußen Posten stehen können und der Dinge harren, die da kommen.

Vielleicht haben sie Glück und können ein Zwergwiesel beobachten, ein winziges und doch so vollendetes Tierchen, das flink angeflitzt kommt und plötzlich Männchen macht, so daß es gerade über die Spitzen der Grashalme lugen kann.

Ein andermal passiert vielleicht gar nichts. Die Natur hält nicht, wie all die phantastischen Naturfilme im Fernsehen, Naturerlebnisse in rascher Folge bereit, nur weil wir uns aus dem Haus bequemt haben. Geduld und Kenntnisse, Beobachtungsgabe und ein feines Ohr sind erforderlich, um alle Zeichen der Natur zu deuten.

Zweifellos ist es bedeutend bequemer, sich vor dem Fernsehgerät niederzulassen und die Natur in konservierter Form zu genießen. Kann fernsehen aber ebenso wertvolle Erlebnisse schenken, kann es zu Besonnenheit und Ehrfurcht vor der Natur erziehen?

Solange wir aus der Ganzheit der Natur nur Stücke herauslösen und sie unseren Kindern im Fernsehen oder im Tierpark vorsetzen, werden wir meiner Meinung nach wohl kaum wirkliches Engagement damit wecken können. Da wäre es besser, den Kindern in der sechsten und siebten Klasse ein eigenes Beet zuzuweisen, in dem sie etwas anbauen können. Es sollte dort auch ein Streifen natürlicher Vegetation vorhanden sein, so daß sie an Ort und Stelle Flora und Fauna beobachten können.

Jeder Schüler könnte eine Blume, ein Insekt oder einen Vogel ‹adoptieren› und so gründlich wie möglich mit dem Skizzenblock in der Hand studieren. Regelmäßig würde man über die Beobachtungen Bericht erstatten. Der Gärtner, der Zeichenlehrer und der Biologielehrer könnten zusammenarbeiten und das Projekt begleiten.

Mit zunehmendem Alter der Kinder werden dann die Studien intensiver und exakter betrieben. Sie arbeiten individuell, leihen Bücher, machen Interviews, forschen. Wenn sie Interesse daran haben, können manche Schüler sich auch in ein naturwissenschaftliches Fach vertiefen.

Der Forscherdrang der Jugendlichen entwickelt sich am besten, wenn der Lehrer nicht schon in den niedrigen Klassen (1–3) versucht, den Kindern eine wissenschaftlich-methodische Arbeitsweise anzugewöhnen, sondern sie durch die hier beschriebenen, lebensvoll persönlichen Porträts mit verschiedenen Tieren vertraut macht.

Man kann das folgendermaßen zusammenfassen:

Vorschulalter: Fröhliche Spiele, in denen Tiere verkörpert werden.

Schulalter (7–14 Jahre): Entwicklung des gefühlsmäßigen Engagements durch Malen, Modellieren und Nähen von Tieren.

Jugendliche: Forschen, studieren, überlegt und einsichtig klassifizieren.

Stofftiere nähen

Dieses Buch möchte Anregungen geben zum Arbeiten von selbstge-machten kuschelig weichen Stofftieren, die eine Alternative zu den massenweise produzierten Tieren sind, die es in den Geschäften zu kaufen gibt.

Mach einen Knoten, Mama!

Für die Allerkleinsten werden in diesem Teil dieses Buches haupt-sächlich Anleitungen zum Fertigen von Tieren gegeben, die ganz nebenbei aus einem Taschentuch geknotet oder aus einem Handschuh gemacht sind und mit denen man das Kind eine Weile ablenken oder vergnügen kann. Diese einfachen Tiere können zum Beispiel eine Wartezeit verkürzen, wenn es für Kinder nichts anderes zu tun gibt. Eine Schar lebhafter Kinder kann ihrem Betreuer an der U-Bahnhal-testelle oder beim Warten auf den Bus graue Haare wachsen lassen, wenn er oder sie nicht ein paar Fingerpüppchen oder Tiere in der Tasche hat, die plötzlich auftauchen, mit den Kindern reden, an ihren Kleidern heraufturnen und sie alles mögliche fragen.
Eine Taschentuchmaus versüßt die Zeit im Wartezimmer des Doktors ebenso wie ein Bock, dessen Hörner um einen Finger geknotet wer-den. Ein Kind, das sich nicht ausziehen lassen will, wird abgelenkt, wenn der Erwachsene sich in eine Decke wickelt und ein Stofftier sich in ihren Falten ansiedeln läßt, das ab und zu neugierig hervorschaut, mal hier und mal da. Als Handpuppen genähte oder gehäkelte Tiere erleichtern manchen empfindlichen Kindern den Anfang, wenn ein schwieriges Thema zur Sprache kommen muß.
Auf einen Tisch legt man Kissen, Bücher und anderes als Unterlage für eine Landschaft, die entsteht, wenn alles mit grünen, grauen, braunen oder blauen Stoffen und Tüchern bedeckt wird. Diese Land-schaft wird belebt mit Puppen und Tieren, die zu einem Märchen passen, das man gerade erzählt hat. Nach der Märchenstunde können

die Kinder mit den Figuren weiterspielen, wodurch sie das Märchen besser verinnerlichen. Man kann natürlich auch die Tiere während des Erzählens durch die Landschaft wandern lassen, so daß das Märchen lebendig wird.

Tierarrangements für die verschiedenen Jahreszeiten

Zu den saisongebundenen Feiertagen zu Hause oder im Kindergarten kann man die hier beschriebenen Tiere auch gut gebrauchen. Man kann zur Feier des Heiligen Michael im Herbst Drachen und Pferde für die Ritterspiele nähen oder häkeln. Pferde, Schweine, Kühe und Hühner sucht man anläßlich des Erntedankfestes oder des Besuchs auf einem Bauernhof hervor.

Als Weihnachtsschmuck passen Schäfchen, Hund, Kuh und Esel zur Krippe.

Hübsch ist auch, wenn man einen besonderen Platz hat, zum Beispiel eine Kommode, einen Tisch oder ein Regal, wo der Wechsel der Jahreszeiten durch verschiedene Arrangements versinnbildlicht wird. Dazu braucht man Muscheln, Steine, Tannenzapfen oder eine Vase mit Sonnenblumen oder herbstreifem Getreide. Ein Eichhörnchen kann neben eine Schale mit Nüssen gestellt werden oder im Winter ein Eisbär neben ein Stück Kristall.

Als Osterschmuck eignen sich kleine gelbe Garnküken und ein großes gehäkeltes Huhn im Teehaubenmodell, das seine Kleinen wärmt.

Zu Pfingsten kann man kleine bunte Vögel nähen (Modell auf Seite 158, verkleinern und variieren) und an Birkenzweigen aufhängen oder ein kleines Körbchen weich mit Moos auspolstern und ein paar Eier aus Bienenknetwachs unter einen brütenden Vogel hineinlegen. Natürlich werden die Kinder die Vogelmutter ab und zu vorsichtig hochheben und eines Tages, nach zirka drei Wochen, haben sich die Eier in kleine Wollbäuschchen verwandelt!

Ist das nicht mein alter Pulli?

Tiere, aus abgelegten Pullovern gefertigt (zum Beispiel die Katze), sind wunderbare Kuscheltiere. Sie werden besonders gut, wenn es einem gelingt, etwas für das Tier Charakteristisches im Ausdruck zu

67

treffen. Aber allein die Tatsache, daß aus dem wohlbekannten Pulli ein Stofftier für das Kind entsteht, vom Erwachsenen mit viel Liebe hergestellt, reicht aus, um es ein Lieblingsspielzeug werden zu lassen. Die Beziehungen zur Erwachsenenwelt sind äußerst wichtig. Früher konnten Kinder in den Streifen der Fleckerlteppiche das Material von ehemaligen Kleidungsstücken wiedererkennen. Jetzt können sie sich statt dessen darüber freuen, in ihrem neuen Schmusetier Vaters alten Pullover zu erkennen!

Was ausgedient hat, braucht also nicht gleich weggeworfen zu werden, sondern kann wiederverwendet werden. Wenn Kinder das

sehen, können sie dazu inspiriert werden, auch selbst aus Altem etwas Neues zu machen.

Lottchen schleppt immer ihren großen Hund mit sich herum. Den hat ihr die große Schwester aus einem ausgedienten Frotteebademantel genäht.

Die Ärmel wurden zu Vorderpfoten, die Kapuze zum Kopf, und die Schnauze besteht aus einem Stückchen abgenützten Leders. Lottchen sieht ihm tief in die aufgestickten Augen . . .

Wenn die Kinder in der zweiten Klasse häkeln lernen, kann man sie ein Handpuppentier machen lassen, das sie dann zum Spielen einer Puppentheaterfabel benutzen. Beim Häkeln folgen sie keinem anderen Muster als der eigenen Hand, über die das Tier ab und zu probeweise gestreift wird. Sie arbeiten mit großer Ausdauer, wenn sie ein ziemlich dickes, aber geschmeidiges und glattes Garn zum Arbeiten bekommen.

Was mögen das für Tiere sein . . .

Diese selbstentworfenen Tiere werden höchst persönlich und sagen viel über das Kind aus, das sie gemacht hat. Der dramatisch veranlagte Karl kreiert einen knallroten Löwen mit wallender Mähne. Die schüchterne Maja häkelt aus dünnem Baumwollgarn einen niedlichen, blaugrauen Vogel, und Boris, der oft aussieht, als ob er bald einschliefe und den nur ein gelegentlicher freundschaftlicher Knuff davon abhält, macht ein grünes, unendlich langes Krokodil. Er kann nämlich ganz einfach kein Ende finden, wenn er einmal zu häkeln angefangen hat! Pia findet, daß sie mit ihrem Fuchs fertig ist, ehe er überhaupt Ohren hat, und will sofort unter fröhlichem Geplauder mit dem Theaterspielen anfangen.

Bei diesen selbstgemachten Tieren reichen wenige Kleinigkeiten aus, um die Phantasie anzuregen. Ein paar Härchen als Mähne um die bräunliche Katzenphysiognomie herum – und jeder begreift sofort, daß es sich hier um ein Löwenmännchen handelt. Extra lange Ohren und kurze, aufrechtstehende Mähne an einem länglichen, grauen Pferdekörper ergeben einen Esel. Große gelbrote, dreieckige Ohren und ein eifriges, spitzes schwarzes Schnäuzchen – und der Fuchs ist fertig. Die Kinder machen eine Erfahrung nach der anderen und lernen sowohl aus den eigenen als auch aus den Versuchen der Kameraden.

Nur angedeutete Züge

Das nicht ganz Vollendete verlockt zu eigenem Schaffen. Das skizzenhaft Unfertige bewirkt, daß unser Auge das Fehlende ergänzt, und unsere Phantasie läßt uns am Schöpfungsakt teilnehmen; das gilt sowohl für das Betrachten von Bildern als auch für das Spielen mit selbstgemachten Tieren.

Außerdem veranlassen selbstgemachte Spielsachen Kinder zu eigenem Schaffen. Sie können früher Gemachtes weiterentwickeln, verbessern oder ändern. Das ‹perfekte› Spielzeugpferd aus dem Geschäft dagegen ist so formvollendet, daß Lottchen resigniert: «Oh, ist das schön», seufzt sie und zieht daraus den stillen Schluß, daß sie nie im Leben ein so schönes Pferd fertigbringen wird!

Auf der anderen Seite ist dies ein wesentliches Problem, das für jedes Spielzeug gilt: Warum eigentlich festlegen, was sich am besten und freiesten in der visionären Kinderphantasie entwickelt?

Wie immer gilt es zwischen einem Zuviel oder Zuwenig an Details oder, wenn man so will, spielhemmender Lenkung zu entscheiden.

Die besten Spielsachen sind die, die dem Kind das undeutliche Gefühl eingeben, so etwas schon einmal in der Welt der Erwachsenen gesehen zu haben, so daß es sich veranlaßt sieht, bereits Bekanntes selbst zu gestalten: Träume, Erinnerungen und Erwartungen an Geschehenes, das für sie von Bedeutung war.

Spielsachen sollten Träger gewisser ‹Fakten› sein und richtig und einladend aussehen, jedoch nicht allzu perfekt ausgeformt sein. Sie sollten aber auch nicht banal und nichtssagend sein. Das Kind soll im Umgang mit seinen Spielsachen Gelegenheit haben, schöpferisch tätig zu werden, damit es nicht zum passiven Konsumenten von fertig ausgestanzten Sachen wird.

Die Arche Noah

Ein Kind kann nicht nur aus dem Grund mit einem Spielzeug spielen, weil es dieses plötzlich vorfindet. Das Spielzeug muß Vermittler von Inhalten sein, die an die Traditionen, Gesprächsstoffe, Berufstätigkeiten und die Freizeitgestaltung der eigenen Familie anknüpfen.

Früher waren Kinder von einer lebendigen mündlichen Tradition umgeben. Sie hörten zum Beispiel die Geschichte von der Arche Noah, um dann zusammen mit anderen Kindern mit schön geschnitzten Holztieren und einer großen Arche mit abnehmbarem Dach und Deck zu spielen, in der die Tiere aufgestellt und am Berg Ararat wieder an Land gelassen wurden.

Eigentlich ist die Arche Noah auch in unseren Tagen äußerst aktuell, obwohl nicht mehr viele Kinder damit spielen. Statt der Arche Noah haben nun internationale Organisationen, Tierparks und Naturreservate die Rolle von Rettern bedrohter Tierarten übernommen.

Die Zeitungen berichten gern von jenen glücklichen Ereignissen, wo ein Junges einer stark dezimierten Tiergattung geboren wird. Das beschäftigt Kinder, und sie beschäftigen sich damit in ihren Spielen und Träumen. Größere Kinder können stundenlang davon phantasieren, wie sie allen Gefahren und ökonomischen Schwierigkeiten zum Trotz eine aussterbende Art retten, indem sie einen paradiesisch schönen Tiergarten auf einer einsamen Insel einrichten.

Die in diesem Buch ganz zuletzt beschriebenen Stofftiere eignen sich ausgezeichnet dazu, paarweise nach Arten von den Kindern in Landschaften aus Stöckchen und Steinen draußen im Gras oder aus Bauklötzen auf dem Fußboden im Kinderzimmer aufgestellt zu werden.

Das Nähen von Stofftieren in der Schule

Der Handarbeitsunterricht kann mit Tierkunde, Geographie und Völkerkunde kombiniert werden, indem die Kinder beispielsweise eine Kamel- oder Dromedarkarawane auf die Beine stellen. Jedes Kind näht ein Tier, macht ihm eine Last aus kleinen Säckchen – und dann arrangiert man gemeinsam eine Landschaft aus drapierten Stoffen, in der die Tiere aufgestellt werden. Ein paar kleine Beduinen und Kakteen in Töpfen, die in den Stoff eingebettet werden, vollenden die Wüstenlandschaft.

Auf Seite 8 sehen wir eine Herde Rentiere, die von Schülern der fünften Klasse einer Waldorfschule gemacht wurden. Die Tiere können in einer verschneiten Landschaft aufgestellt werden, die aus einem gut gebügelten Bettuch und ein paar schönen Steinen besteht. Vielleicht hat man auch Zeit, Rentierschlitten, Hunde und Lappen zu machen, die hinter den Zugrentieren hergehen. Mit der Herstellung der Puppen kann man eventuell bis zum folgenden Schuljahr warten. Für Kinder im Schulalter kann es eine Herausforderung sein, ein naturgetreues Tier mit dem Zeichenstift zu entwerfen und dann zu nähen. Das ist eine ausgezeichnete Methode, das Beobachtungsvermögen zu schärfen. Wenn man mit dem Stift in der Hand dasitzt, kommt es unweigerlich heraus, wenn man nicht weiß, wie die Hörner eines Rentiers aussehen!

Mit etwas Hilfe, besonders beim Auflegen des Musters und beim Zuschneiden (sogar mit elf Jahren legen noch viele Kinder ihr Muster so ungeschickt auf den Stoff, daß unnötig viel Abfall entsteht), können Schüler selbst eines der Tiermodelle nähen, die ganz hinten im Buch abgebildet worden sind.

Die ersten zehn Tiere sind von einfacherer Art. Die Vögel können mit etwas Hilfe auch von kleineren Kindern genäht werden. In diesem Fall ist es von Vorteil, wenn man das Muster etwas vergrößert, damit die Arbeit nicht zu fitzelig wird.

Die übrigen Tiere, deren Beine nicht parallel stehen, können im Handarbeitsunterricht ab Klasse 5 gearbeitet werden.

Handarbeitsepoche in der 5. Klasse

Die Arbeit in der 5. Klasse kann folgendermaßen organisiert werden: Am einfachsten ist es für den Lehrer, wenn alle Kinder ähnliche Tiere machen, zum Beispiel Vierfüßler, die in Herden leben, so daß alle mit ähnlichen Mustern arbeiten und ungefähr die gleiche Zeit brauchen. Wer trotzdem schneller fertig ist, kann einem langsameren Kameraden helfen.

Der Lehrer oder die Lehrerin kann im voraus Baumwollstoff für Bettücher in den in Frage kommenden Farben färben, möglicherweise auch durch zwei oder drei Farbbäder verschiedene Nuancen erzielen.

Für die erste Schulstunde bringt er eine große Rolle einfaches Papier und Blockkreiden aus Wachs mit. Bevor die Kinder zu zeichnen anfangen, erzählt er so ausführlich und anschaulich wie möglich von der Landschaft, in der das gedachte, aber noch nicht erwähnte Tier lebt.

Auf einem großen, gemeinsamen Bild dürfen dann die Kinder mit breiten, großzügigen Kreidestrichen eine Landschaft skizzieren – oder auch jeder auf einem eigenen Papier.

Die nächste Stunde fängt auf ähnliche Weise an, nur hat jetzt jedes Kind einen großen Papierbogen und Wachskreiden vor sich auf der Bank. Diesmal erzählt der Lehrer von der Lebensweise des Tieres und wie es sich in seinen Gewohnheiten und in seiner Farbe an die umgebende Natur angepaßt hat.

Jedes Kind malt mit Kreide eine großzügige Landschaft. Sie deuten zunächst nur an und lassen nach und nach die Tiere aus dem Hintergrund hervortreten. Manche wollen sicher mehrere Versuche machen, ehe sie sich zufriedengeben.

Diese Zeichnungen sind ganz und gar Phantasieschöpfungen der Kinder, die auf eigene Erfahrung, Erinnerungsbilder und auf die genaue Beschreibung des Lehrers bauen. Eventuell kann der Lehrer auch selbst ein Landschaftsbild mit Tieren zeichnen, um ein unsicheres Kind zu stützen.

Auf einem neuen Blatt Papier wird dann ein einziges Tier, groß, deutlich und im Profil gezeichnet. Jetzt muß entschieden werden, ob es den Kopf gesenkt hält und grast, ob es läuft oder steht.

Wenn die Konturen deutlich geworden sind, legen die Schüler ein Pauspapier auf und pausen nur den Umriß des Tieres ab. Das wird das Muster für das Tier.

Wie aus der Beschreibung auf S. 128 hervorgeht, ist es wichtig, die Beine des Tieres so dick zu machen, daß es ordentlich stehen kann, wenn es gestopft ist. Ein geeignetes Maß ist der eigene Finger. Wenn die Beine des Tiers wenigstens so dick sind wie der Finger, geht es später leicht, sie zu stopfen.

Wenn die Kinder dann das Papiermuster ausgeschnitten haben, wird es auf den Stoff gelegt. Dieses sollte unter der Aufsicht eines Erwachsenen geschehen. Eines nach dem anderen dürfen nun die Kinder nach vorne zum Lehrer kommen und ihre Musterteile so auflegen, daß rundherum noch Nahtzugabe bleibt. Danach kann das ganze Stück, auf dem die Musterteile liegen, vom Stoffballen abgeschnitten und mit zur eigenen Bank genommen werden, wo es dann ans Ausschneiden der Teile geht.

Im übrigen erfolgt das Nähen gemäß der Beschreibung des Zebras auf S. 129. Es erleichtert die Arbeit, wenn die Schüler Bambusstäbchen oder Stäbchen zum Aufbinden von Blumen zur Verfügung haben, wenn sie schmale Teile des Tieres wenden und ausstopfen.

Wenn alle Tiere fertiggenäht sind, arrangiert man gemeinsam eine hügelige Landschaft aus Stoff, der über einen großen Tisch oder zusammengeschobene Bänke drapiert wird. In diese Landschaft werden nun die Tiere zur allgemeinen Ansicht gestellt.

Ohne daß es der Lehrer besonders erwähnen muß, fällt dem Beschauer die individuelle Eigenheit der einzelnen Tiere deutlich ins Auge. Die Tiere der Kameraden bilden ein natürliches Vergleichsmaterial.

«Oh, ist deins gut geworden!»

«Nein, wie bewegt sich deins komisch!»

«Guck mal, meins sieht richtig doof aus mit seinem großen Kopf!»

Der Lehrer beobachtet ganz andere Dinge, sagt aber nicht viel.

Bei so einer Arbeit zeigt sich mit rührender Deutlichkeit Veranlagung und Temperament eines Kindes.

Selbstgenähte Tiere

Es ist meine Hoffnung, daß dies Buch Kinder und Erwachsene dazu anregt, sich mit Lust und Liebe ans Werk zu machen, um Stofftiere selbst zu nähen.

Selbstgemachte Tiere können das eigenartigste Aussehen haben. Es hängt ganz von der Beschaffenheit des Materials, der eigenen Geschicklichkeit und der Güte von Mustern und Vorlagen ab, wie das Resultat wird. Das wesentliche ist nicht so sehr das Ergebnis, als der Spaß, den die Arbeit selbst macht!

Aber lassen Sie bitte kein halbfertiges Tier im Stich! Es ist zu trist, seine Tage in einem Nähkorb, von Stoff- und Garnresten umgeben, verleben zu müssen! Und vergessen Sie auch nicht, den fertigen Stofftieren zwischendurch etwas Pflege angedeihen zu lassen, damit sie nicht schießlich kaputt in einer Ecke landen.

Esel. Beschreibung s. S. 148

Die Proportionen der Tiere

Studien in Ton und Bienenknetwachs

Bevor wir uns daranmachen, Tiere aus Stoff zu nähen, sollten wir uns erst ein wenig üben, die Körperformen und Proportionen der verschiedenen Tiere kennenzulernen. Ein dazu gut geeignetes Material ist Ton, weil man es umformen und aus dem noch weichen Material eine Reihe von Variationen spielerisch erarbeiten kann. Blaue Tonerde ist auch zu gebrauchen; man muß aber bedenken, daß sie nach dem Trocknen sehr spröde und brüchig wird.

Figuren mit sehr dünnen Beinen und Schwänzen eignen sich nicht zum Aufheben. Herkömmliche Knete oder Plastilin sind ausgezeichnet und können wiederverwendet werden, ebenso das wohlduftende Bienenknetwachs. Letzteres ist vielleicht schwerer zu beschaffen, aber es ist ein sehr schönes Naturmaterial. Es muß in der Hand, in der Sonne oder auf einem Stück Papier, das auf einem warmen Topfdeckel liegt, vorgewärmt werden, so daß es weich wird und leicht zu kneten ist. Daß es ein Weilchen geknetet werden muß, bevor es formbar ist, kann man als einen Vorteil ansehen – es ist eine nützliche Gymnastik für die Hände.

Jetzt können wir mit der ersten Aufgabe beginnen: Wir formen eine Art Ei. Dann werden an den beiden Enden zwei Einbuchtungen eingekerbt und glattgeknetet. Die Phantasie bestimmt, was das werden soll: Seehund, Vogel oder sitzender Hund?

Dann versucht man, dasselbe Ton- oder Wachsklümpchen von der einen Tierform in die andere übergehen zu lassen, vom Adler über

Abb. 1

Abb. 2

den Löwen zur Kuh, oder man nimmt sich eine Reihe von Tieren mit schwerer wiederzugebenden Unterschieden vor, wie Hund, Schaf und Eisbär. Wenn man in Ton formt, kann man immer ändern, etwas dazugeben oder wegnehmen, wenn das Resultat nicht zufriedenstellend ist, aber wenn man den Stoff einmal zugeschnitten hat, kann man nur schwer wieder etwas ändern. Deshalb ist es so wichtig, das Gefühl für Proportionen zu entwickeln. Aus der Grundform mit Kopf, Körper und vier Beinen können wir verschiedene Gestalten ableiten, indem wir umformen und die Beine längerziehen, abzwicken, was zuviel ist, oder sie kurz und rundlich drehen. Zwischen zwei Fingern zieht man Ohren und Schwanz heraus, oder man setzt einfach ein paar übriggebliebene Stückchen an. Soweit möglich sollte jedoch der ganze Körper aus dem ursprünglichen Tonklumpen herauswachsen, ohne daß angestückelt wird.

Vorübung mit Papier

Reißen: Nehmen Sie etwas Packpapier oder Seidenpapier und probieren Sie, daraus Tierformen auszureißen, ohne sie vorher aufzuzeichnen oder dabei eine Vorlage zu betrachten. Bei diesem Spiel mit dem Papier werden Sie bald entdecken, daß das Ergebnis manchmal sehr tierähnlich wird und dann wieder gänzlich mißglückt! Durch Einleben in Tiergeschichten kann man das Tier lebendiger vor dem inneren Auge sehen. Wenn man sich anstrengt, hilft die Erinnerung, ein gewisses Tier, das man früher einmal beobachtet hat, deutlich vor sich zu sehen. Aber oft gelingt das leider gar nicht. Wie sieht der Rücken eines Rentiers oder einer Kuh aus? Zuletzt fangen wir an zu mogeln und schlagen in einem Buch mit wunderschönen Farbfotos nach, die die Tiere in freier Natur zeigen. Wenn wir sie genau betrachtet haben, können wir die Bücher wieder zur Seite legen und von neuem mit unseren Formübungen beginnen.

In den ersten drei Klassen der Waldorfschule versucht man, ganz vom Gebrauch photographischer Vorlagen abzusehen. Statt dessen sollen die inneren Bilder, die der Lehrer durch Erzählungen von den einzelnen Tierarten hervorgerufen hat, so eindrucksvoll sein, daß die Kinder, davon ausgehend, malen und schöpferisch tätig sein können.

Abb. 3

Schneiden: Statt das Papier zu reißen, können wir es auch mit der Schere schneiden. Der Scherenschnitt war früher eine sehr beliebte Beschäftigung.

Vielleicht kennen Sie die Geschichte «Die Zauberschere» von Elsa Beskow. Darin wird von einer netten alten Dame erzählt, die ein paar arme Kinder bei sich aufnimmt. Sie ist im Besitz einer verzauberten Schere, die sie im Wald gefunden hat. Wenn man den Zauberspruch, der auf der einen Seite der Schere eingraviert ist, laut ausspricht, während man etwas mit der Schere ausschneidet, wird das Ausgeschnittene lebendig!

Damit erschafft die alte Dame einen kleinen und zauberhaft niedlichen Bauernhof mit Pferd, Kuh und Hühnern. Sie sät Gras auf einem Tablett und macht den Tieren einen Stall. Liest sie dann die Zauberformel rückwärts, verwandeln sich alle Tiere wieder zu Papier und können bequem in die Schreibtischschublade zurückgelegt werden.

Auch wenn wir nicht wie die alte Dame eine Zauberschere benutzen, können wir eine Menge lustiger Tierformen unter der Schere hervorwachsen lassen. Kleinen Kindern gefallen besonders gut lange Streifen mit sich wiederholenden Figuren. Zum Beispiel tanzende Zwerglein oder dergleichen.

Abb. 4

Mit Scherenschnitten können wir auch Puppentheater spielen, wenn wir die Figuren an einen Schirm aus dünner Seide oder an Papier halten, das auf einen Rahmen gespannt ist, und sie dann von hinten beleuchten, so daß sich Schattenrisse auf dem Schirm abzeichnen. Die Figuren müssen unten mit einem Stäbchen oder einer doppelten Papierlasche zum Anfassen versehen sein.

80

Studien mit Papier und Farbe

Dazu brauchen wir ein großes Blatt Papier, am besten Japanpapier, Aquarellfarben, Pinsel und ein Glas Wasser.

Setzen Sie sich eine Weile hin, und lassen Sie die leere Papierfläche auf sich einwirken, bis sich ein ‹Wunsch› einstellt. Dann beginnt man, das Papier mit dünnflüssiger Farbe so zu bemalen, daß gewisse Flächen ausgespart bleiben. Sukzessiv wird immer mehr Farbe aufgetragen, wobei die Stellen, die unbemalt bleiben, immer deutlichere Konturen bekommen und zu Tieren werden, zum Beispiel weiße Vögel, die über einen blauen Himmel fliegen, oder Pferde, die über eine grüne Weide galoppieren.

Lassen Sie sich nicht entmutigen, auch wenn das Resultat einer Schar Hutzelwutzelchen gleicht, sondern versuchen Sie es immer wieder mit neuen Motiven!

Übung mit Papier und Wachskreiden

Bei dieser Übung benutzen wir statt der flüssigen Aquarellfarben Wachskreiden. Die Kreide gehorcht der geringsten Handbewegung; ihre Farbe läuft nicht eigenmächtig über das Papier und regt unsere

Abb. 5

Phantasie ebenso an wie die Wasserfarbe. Mit breiten, flächigen Blockkreiden oder gewöhnlichen Kreiden, der Länge nach aufs Papier gelegt, können wir damit ebenso ‹malen›.

Mit weitausholenden Bewegungen wird die Kreide auf das ganze Blatt aufgetragen, indem man den Druck variiert, so daß die Farbschicht mal dicker und mal dünner wird. Auf diese Weise macht man sich mit Papier und Kreide vertraut. Verstärken Sie nun den einen oder anderen Farbflecken, so daß Formen entstehen, und halten Sie Zwiesprache mit den Formen: Ihre Kreidestriche geben die Antwort. Diese Übung steht ganz und gar im Gegensatz zur vorigen, wo wir ja versuchten, ganz leere, farblose Flächen auszusparen.

Der Versuch, sich wirklich von allen vorausentschiedenen Absichten zu befreien, was für Figuren auf dem Papier entstehen sollen, ist spannend und lehrreich. Aber es ist auch schwer, ständig von den schon gemachten Kreidestrichen auszugehen. Auf diese Weise malen und zeichnen ja Kinder von drei bis vier Jahren in intensivem und manchmal erstaunlichem Wechselspiel mit dem Papier. Nach einer Weile wird der nachhaltige Wunsch der Figuren wahrnehmbar, eine deutlichere Form annehmen zu dürfen. Nun gilt es, die charakteristischen Formen des jeweiligen Tieres zu treffen. Am leichtesten ist es, ein einziges, großes Tier auf das Papier zu bringen, aber es macht auch Spaß, eine ganze Rentier- oder Antilopenherde zu zeichnen, in welcher die Tiere sich neben- oder teilweise auch hintereinander über die Fläche bewegen.

Es wurde bereits geschildert, wie man im Handarbeitsunterricht der fünften Klasse einer Waldorfschule jeweils über eine Tiergattung und deren Leben in freier Wildbahn erzählt, worauf die Schüler großzügige Landschaftsbilder malen, aus denen dann langsam ein bestimmtes Tier herauswächst: aus eisig bläulichweißen Bergmassiven das Rentier oder aus saftig gelblichgrünen Savannen der Löwe. Nach wiederholten Vorübungen wählen die Schüler eins ihrer Bilder aus und verdeutlichen das von der Seite gesehene Tier, worauf sie sich auf anderem Papier ein Muster von diesem Tier abpausen, nach dem dann das Stofftier genäht wird.

Die Tiersilhouetten wachsen also aus einer charakteristischen Landschaft heraus. Fotos sollten hierbei am besten nicht gezeigt werden.

Skizzen mit Papier und Zeichenstift

Mit dem Skizzenblock unter dem Arm und Bleistift, Kohle oder
Graphit in der Hand begeben wir uns jetzt ins Freie, um Tiere in der
Natur abzuzeichnen. Eine bessere Übung kann es kaum geben und
vielleicht auch keine schwerere, besonders wenn man ein lebhaftes
Tier, wie zum Beispiel ein Eichhörnchen, als Studienobjekt wählt.

Abb. 6: Hühner- und Kükenstudien . . .

Vögel pflegen auch nicht so lange sitzenzubleiben, bis der träge Stift
sie eingefangen hat. Aber eine schlafende Katze liegt still! Auf der
anderen Seite ist sie jedoch kein ideales Motiv, denn sie sieht aus wie
eine behaarte Rolle, wenn sie so daliegt.
Selbst wenn uns kein einziges Bild glückt, haben wir mit diesen
nützlichen Skizzen unser Beobachtungsvermögen geübt.
Kommt man nach so einer Expedition in die Natur mit einem vollge-
kritzelten Skizzenblock unter dem Arm nach Hause, kann man zum

Trost ein Fotobuch aufschlagen, wo die Tiere deutlich in ‹gefrorenen› Bewegungen zu sehen sind.

Man legt das Tierbild vor sich hin und zeichnet es ab (nicht abpausen!) Zwar sind Fotos als Studienmaterial von großem Nutzen, aber man darf sich davon künstlerisch nicht festlegen lassen. Das gilt natürlich in noch höherem Grad für Kinder als für Erwachsene! Wir wollen Ihnen lieber anschaulich bildhafte Schilderungen geben, die es Ihnen ermöglichen, Tiere aus der eigenen Phantasie zu schöpfen.

Eine Tierzeichnung ist eigentlich die persönliche Interpretation eines Tieres und regt somit die Phantasie mehr an als die krasse Wirklichkeit, die das Foto vermittelt. Eine Skizze ist viel interessanter, denn hier haben wir die Möglichkeit, mit Hilfe der Phantasie etwas zu ergänzen. Jetzt haben wir genügend Vorübungen betrieben und können uns mit scharfem Auge und sicherer Hand daran machen, wollig-weiche Garn- und Stofftiere herzustellen.

Abb. 7: Ein Mädchen in der zweiten Klasse hat diesen Wolligel gehäkelt, der auch eine Handpuppe ist.

84

Material

Nach Möglichkeit sollte nur reines Naturmaterial verwendet werden, da synthetische Garne und Stoffe oft steifer und stummer sind und weniger echt wirken als reine Wolle und Baumwolle.

Zum Nähen von vielen der hier beschriebenen Tiere kann man Baumwollakenstoff vom Meter benutzen. Will man Knoten- oder Wurftiere machen, färbt man den Stoff am besten zuerst. Näht man Tiere nach Muster, ist es auch möglich, das fertige Tier in ein Farbbad zu tauchen, falls man es einfarbig haben will. Man kann es auch, wenn es fertig ist, mit Textilstiften oder -kreiden bemalen und dann bei 150° im Ofen ‹backen›, um die Farbe zu fixieren.

Abgesehen von Batikfarben gibt es überall im Handel eine Menge ausgezeichneter Textilfarben zu kaufen. Wollstoffe werden vorzugsweise mit Pflanzenfarben gefärbt.

Wollstoffe, Stricksachen, Samt, Frottee und andere Baumwollstoffe mit Struktur eignen sich sehr gut zum Nähen von Tieren, weil sie sich ungefähr wie ein Pelz anfassen und auch danach aussehen.

Für die auf S. 160 wiedergegebenen Muster, die Tiere in Bewegung zeigen, sind dehnbare Stoffe nicht verwendbar, denn die Beine der Tiere würden dann ungleich dick werden.

Echtes Fell oder Leder ist natürlich wunderbar! Es näht sich am besten mit einer Ledernadel.

Es gibt verschiedene Sorten Teddystoff und synthetischen Pelz, die dem Stofftier ebenfalls ein natürliches Aussehen verleihen – obwohl wir am liebsten Naturmaterial verwenden.

Zum Ausstopfen der Tiere nimmt man in erster Linie gewaschene und gekämmte Wolle, denn Wolle besitzt die Fähigkeit, Luftfeuchtigkeit in sich aufzunehmen, so daß das damit ausgestopfte Tier stabil und schwer genug wird und sich im Arm warm und lebendig anfühlt. Benötigt man größere Mengen, sollte man in Wollkämmereien nach Abfallwolle bzw. Wollresten fragen.

Alternative Möglichkeiten zum Ausstopfen sind Putzwolle aus Baumwollfäden, Garnreste oder ausrangierte Wollsachen, die in Stückchen oder lange Streifen geschnitten werden.

Auch Watte, Rohbaumwolle, Stroh oder Sägespäne sind zu gebrauchen, haben aber den Nachteil, daß man die Füllung vor dem Waschen aus dem Tier herausnehmen muß.

Nun gilt es, die Vorräte durchzuschauen! Das macht natürlich viel Spaß, wenn man vorher gesammelt und vor sich Körbe voller Stoffreste, Lederstücke und Garne stehen hat, denn die Ideen lassen meist nicht lange auf sich warten, wenn man die ganze Herrlichkeit vor Augen hat.

Die Farben der Tiere

Sollen die selbstgemachten Tiere natürliche Farben haben, oder können sie grün, blau oder rot sein, auch wenn sie in Wirklichkeit nicht so aussehen?

Auf diese Frage gibt es keine eindeutige Antwort. Teils hängt die Wahl der Farbe davon ab, welche Stoffe man zu Hause hat – denn wenn wir nichts als eine alte rosa Decke auftreiben können, sollen wir uns ja nicht gezwungen fühlen, nur rosa Schweinchen zu produzieren! Nähen kleine Kinder sich Tiere, wählen sie, was Farbe und

Abb. 8: Schweinchen aus Baumwolltrikot (abgetragenes T-Shirt) mit Kordelschwänzchen. Beschreibung auf S. 116.

Material anbelangt, mit Sicherheit sehr originell, und das sollen sie ruhig!

Nähen wir jedoch Tiere im Handarbeitsunterricht in einer 5. Schulklasse, ist es wohl am schönsten, wenn die Tiere so naturgetreue Farben wie möglich haben. Handarbeit und Naturkunde werden integriert. Wir lernen etwas über das Aussehen der Tiere und versuchen, sie entsprechend wirklichkeitsnah zu gestalten.

Tiere, die für Märchenspiele oder Puppentheater gebraucht werden, können auch kunstvoll ausgestattet sein und zum Beispiel schimmernd goldgelbe oder feuerrote Farben haben, je nachdem, wie es zu ihrer Rolle paßt.

Das wichtigste bei der Farbwahl ist, daß wir sie mit Sorgfalt treffen und nicht das Nashorn kariert und das Kaninchen geblümt nähen, ohne damit eine bestimmte Absicht zu haben. Ebensowenig wollen wir eine Tierart herabwürdigen, indem wir sie in karikierender Form abbilden, was auch von der Farbwahl abhängen kann.

Wurf- oder Knotentiere

Schnell und geschickt ein kleines Tier aus einem Taschentuch machen zu können, ist eine sehr nützliche Kunst. Damit verkürzt man die beschwerliche Zeit im Wartezimmer des Doktors oder lange, eintönige Reisen.

Es sieht spielend leicht aus, so eine kleine Maus aus einem Taschentuch zu zaubern, aber wenn man selbst einen Versuch macht, entdeckt man, daß es doch nicht ganz so einfach geht. Es erfordert nämlich ein wenig Übung. Also nicht gleich aufgeben! Wenn es mißglückt, liegt das oft daran, daß man einen zu dicken oder zu dünnen Stoff genommen hat.

Es kommt auf die Stärke des Stoffes an, wie die Knoten werden und was für eine Haltung das Tier hat. Einen dünnen Seidenschleier kann man mit einer Menge Knoten versehen, aber ihm fehlt jegliche Straffheit. Er eignet sich folglich am besten für Knotenmarionetten oder für sehr kleine Knotentiere.

Ein gröberer Baumwollstoff dagegen ist fest und hat Stehvermögen, aber man kann möglicherweise keine Knötchen in die äußersten Zipfel davon machen, weshalb man einen solchen Stoff lieber für große Wurftiere verwendet.

Die Kinder sind sicher entzückt, egal wie eigentümlich und formlos die Tiere auch sein mögen, mit denen man sie überrascht! Es ist nämlich die kleine Veränderung, die oft am meisten anregt: ein einziger aufgenähter Punkt, der den Fäustling in einen Hund verwandelt, oder ein paar rasch geworfene Knoten, die aus dem Taschentuch ein altes Weiblein zaubern.

Viele der hier beschriebenen Knotentiere können auch aus Seidenpapier oder aus dünnen Schichten gekämmter Rohwolle gemacht werden.

Schwimmender Vogel

Aus vorzugsweise einfarbigen Taschentüchern kann man mit zwei Knoten einen einfachen schwimmenden Vogel machen:

Abb. 9

Halten Sie das Taschentuch an einem Zipfel und schütteln Sie es. Streichen Sie es mit der anderen Hand abwärts, so daß es lang, schmal und faltig wird. Nun schlägt man einen losen Knoten mitten in das Tuch und zieht den einen Zipfel nach oben. Halten Sie mit der anderen Hand den Knoten auf dem Tisch umfaßt, so daß die schmale Spitze richtig hochragt. Der Knoten ist der Vogelkörper und die Spitze der Hals. Steht ein loser Zipfel mitten aus dem Knoten, zieht man ihn nach hinten in Richtung Schwanz.

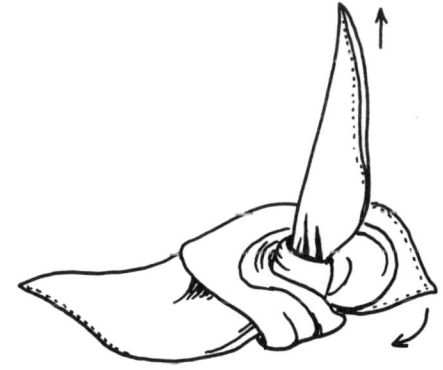

Abb. 10

Machen Sie einen kleinen Knoten am oberen Ende des Halses, und ziehen Sie den äußersten Zipfel als Schnabel nach vorn.

Abb. 11

Fliegender Vogel

Schlingen Sie einen kleinen Knoten in die eine Ecke eines Taschentuches oder eines anderen Tüchleins. Das ist der Kopf des Vogels, aus dem der Zipfel als Schnabel herausgezogen wird (Abbildung 12). Ziehen Sie an den beiden ‹Flügelspitzen›, und machen Sie daraus einen Knoten, der den Körper bildet (Abbildung 13).

Abb. 12   Abb. 13

Der Schwanz wird nach hinten, die Flügel werden seitwärts herausgezogen, so daß sie an den Ansätzen so breit wie möglich sind.

90

Abb. 14

Nun ist der Vogel fertig! Wenn man mehrere aus dünnem, gestärktem Battist macht, und sie mit Fäden an Blumenstäbchen aufhängt, hat man ein hübsches Mobile – oder man läßt sie, ebenfalls an Fäden hängend, bei einem einfachen Marionettenspiel auftreten.

Beim Märchenerzählen können sie, auch direkt in der Hand gehalten, die Handlung begleiten.

Sitzendes Kaninchen

Ein Taschentuch wird auf den Tisch oder auf die Knie gelegt. Falten Sie zwei gegenüberliegende Ecken zur Mitte hin, so daß sie ein wenig übereinanderliegen (Abbildung 15a). Dann so falten, daß die beiden anderen Ecken übereinander zu liegen kommen (Abbildung 15b). Noch einmal falten, und zwar der Länge nach (Abbildung 16a). Aus den zwei oberen Spitzen macht man einen gemeinsamen Knoten, wie es Abbildung 16b zeigt. Die beiden Zipfel, die aus dem Knoten ragen, werden auseinandergezogen und sind die Ohren des Kaninchens.

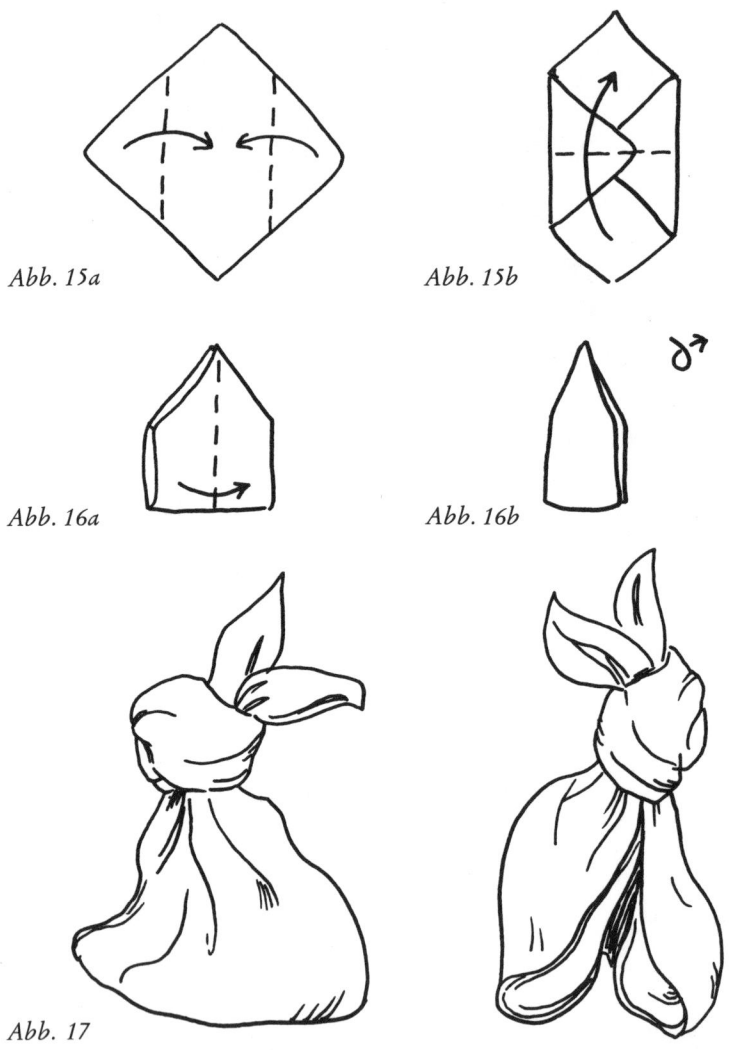

Abb. 15a   Abb. 15b

Abb. 16a   Abb. 16b

Abb. 17

Nun ist das Kaninchen fertig und kann jeden Augenblick davonhoppeln!

Maus

Man legt das Taschentuch vor sich auf den Tisch oder aufs Knie. Zwei Ecken übereinanderlegen, so daß ein Dreieck entsteht. Legen Sie dann die so entstandenen Winkel an der Basis des Dreiecks übereinander und rollen Sie den Stoff von unten nach oben auf, bis nur noch eine kleine Spitze ganz oben bleibt.

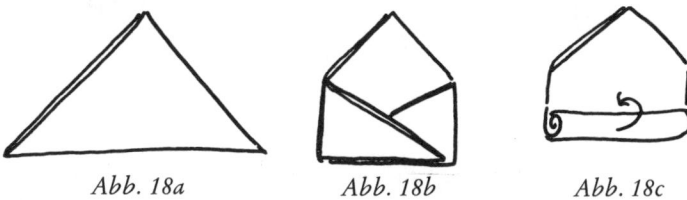

Abb. 18a   Abb. 18b   Abb. 18c

Das ganze umwenden, so daß das Obere nach unten zu liegen kommt, und die beiden Enden der Rolle wieder übereinanderlegen (Abbildung 19a und b). Nun wird die obere Spitze nach vorne und unten umgeschlagen, in den geschlossenen Ring hinein, den die Rolle nun bildet (Abbildung 19c). Mit dieser Bewegung fährt man fort; also den Stoff immer weiter von außen in die Ringmitte hineindrehen, bis es nicht weitergeht (Abbildung 19c).

Abb. 19a   Abb. 19b   Abb. 19c

Nun können zwei Zipfel herausgelöst werden, nämlich die beiden Ecken, die man zu Anfang in die Mitte der Arbeit gefaltet hatte. Die eine wird der Schwanz, die andere der Kopf der Maus, mit ein paar kleinen Knötchen als Ohren.

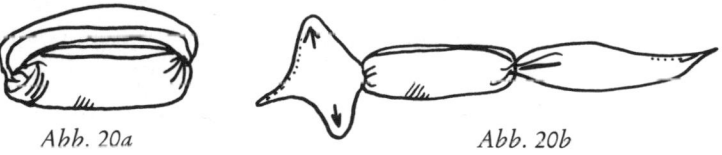

Abb. 20a   Abb. 20b

Ziehen Sie dazu die beiden gegenüberliegenden Zipfel seitwärts auseinander wie auf Abbildung 20b, so daß Sie am ‹Kopfzipfel› zwei
neue Enden zum Knoten zu fassen bekommen.

Abb. 21

So sieht die fertige Maus aus. Um sie wieder verschwinden zu lassen,
braucht man sie nur am Schwanz zu ziehen!

Die drei Böcke

«Mama, erzähl' doch bitte mit Stoff!» bittet der Kleinste. Und da holt
die Mutter, nett wie sie ist, etwas Stoff heraus und beginnt, das
Märchen von den drei Böcken zu erzählen, die auf die grüne Wiese
wollen, um sich satt zu fressen. Dabei setzt sie sich aufs Bett und
stellt den einen Fuß ins Bett hoch, so daß das Bein eine Brücke bildet.
Unter dieser Brücke breitet sie einen blauen Schal aus: das ist der
Bach. Auf das gebeugte Knie legt sie ein braunes Tuch: das ist die
Brücke. Über das Bett und den Fuß breitet sie ein grünes Tuch: das
ist die grüne Gebirgswiese.
Und während sie erzählt, daß unter der Brücke ein böser Troll
wohnt, knotet sie aus einem dunklen Stück Stoff einen zum Fürchten
häßlichen Troll. Daß das Erzählen, der vielen Pausen wegen, wo
geknotet wird, lang dauert, macht nichts. Im Gegenteil gefallen dem
Kind diese Augenblicke der Erwartung, wo es gespannt dem geheim-
nisvollen Tun der Mutter zusieht.
Aus drei weißen Taschentüchern verschiedener Größe knotet Mama
nun der Reihe nach den kleinen, mittelgroßen und den großen Bock:
Dazu wird das Taschentuch über Eck gefaltet, so daß ein Dreieck
entsteht. Ziemlich lose aufrollen (Abbildung 22).
Mitten in das zusammengerollte Taschentuch wird nun eine Schlaufe

mit verschiebbaren Knoten geschlagen, wie man sie macht, um Luftmaschen zu häkeln (Abbildung 23).
Die Länge der Hörner ausgleichen und den Mittelfinger in den Knoten hineinstecken – und schon ist der Kopf des Bockes fertig (Abbildung 24).

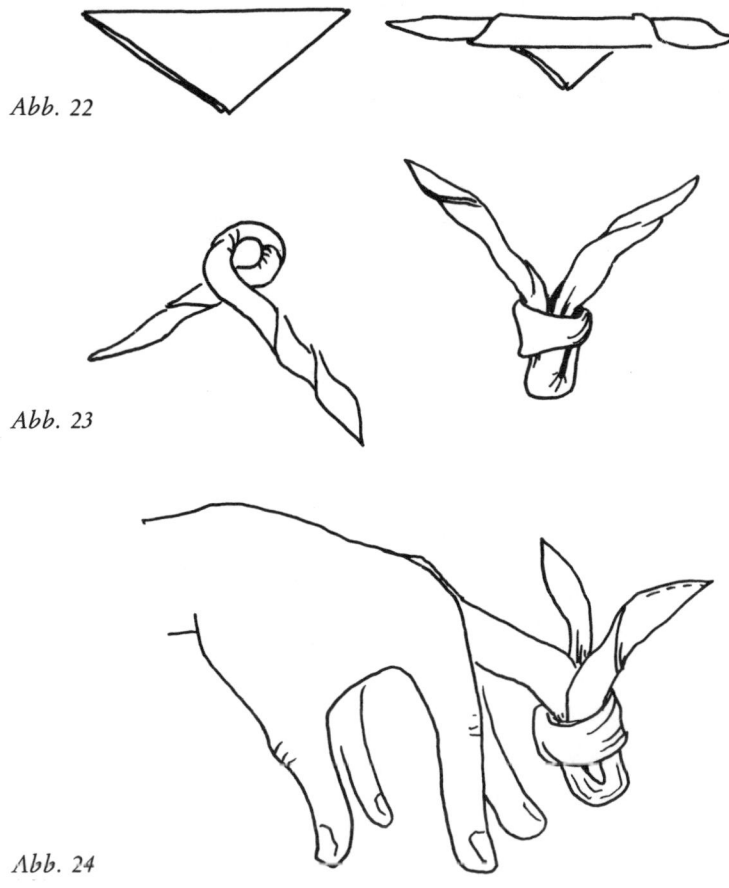

Abb. 22

Abb. 23

Abb. 24

Nun trippelt bzw. trampelt man über die Brücke (das Bein) und führt
mit der anderen Hand den schrecklichen Troll, der den Bock ver-
folgt.
Dann legt man den Kopf des ersten Bockes aus dem Gesichtskreis des
Kindes auf die Gebirgswiese und macht aus dem mittleren Taschen-

tuch einen Kopf für den nächsten Bock und schließlich einen aus dem größten Tuch. «Jetzt komme ich und hol dich!» sagt jedesmal der Troll. Und die beiden kleinen Böcke antworten: «Nimm lieber meinen großen Bruder!» Aber der größte Bock stößt schließlich den Troll in den Bach hinunter. Die Böcke gehen alle drei glücklich auf ihre Wiese zum Grasen (norwegisches Volksmärchen).

Aus Stoffresten, die in lustige Formen geschnitten sind, kann man durch abwechselndes Knoten und Zusammennähen (mit großen Stichen, wo es nötig ist) herrliche und ganz spezielle Tiere machen. Darin sind kleine Kinder oft wahre Meister. Ihr Eifer und Erfindergeist kennt keine Grenzen.

Natürlich gibt es für diese Art von Tieren keine fertigen Rezepte. Versuchen Sie aber trotzdem, Ihre eigenen, frei erfundenen Tiere mit Stoff, Schere, Nadel und Faden zu improvisieren.

Tiere aus wollenen Handschuhen

Am Ende eines jeden Schuljahres haben sich in allen Schulen verlorene und nicht abgeholte einzelne Fäustlinge und Socken angesammelt. Aus diesen traurigen Fundsachen können wir noch viele lustige Tiere machen!

Liegendes Kaninchen

Ein Fäustling wird mit Wolle oder anderem Füllmaterial vollgestopft. Der Daumen bleibt leer. Wenn man den anderen Fäustling nicht hat, von dem man den Daumen abschneiden kann, nimmt man einfach ein Stück von etwas ähnlichem Gestrickten und macht ein Ohr daraus, das festgenäht wird.

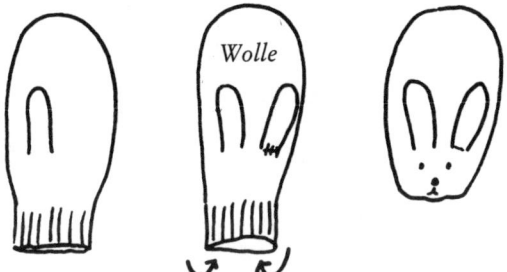

Abb. 25

Das Bündchen des Fäustlings nach innen stopfen und die Öffnung zunähen. Schnäuzchen und Augen aufsticken.
Macht man die Ohren ein ganzes Stück kleiner, wird es ein Meerschweinchen.

Maus

Aus dem abgeschnittenen Daumen eines Fäustlings oder Finger eines Handschuhs kann man ein Mäuschen machen:

Abb. 26

Den Fingerling voll Wolle stopfen, die Öffnung zunähen, zwei kleine Filzohren und einen dünnen Schwanz aus Leder oder gezwirntem Garn annähen. Schwarze Äuglein aufsticken – oder warum nicht zwei schwarze Perlchen? – dann eine kleine runde Schnauze und ein paar Schnurrbarthärchen.

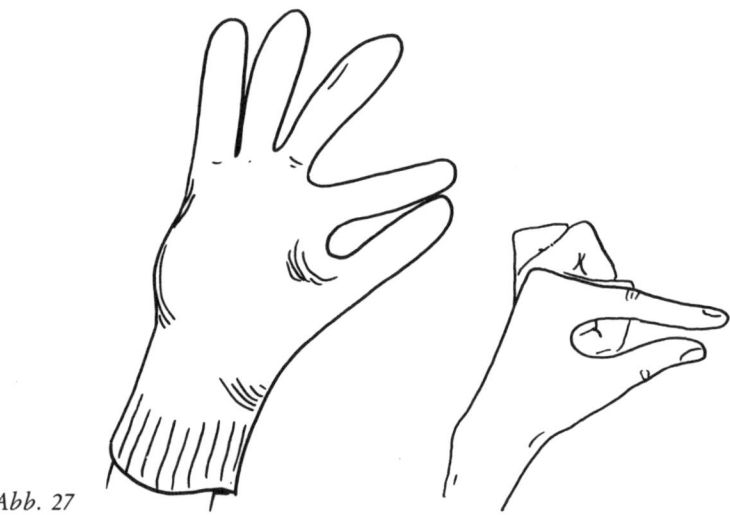

Abb. 27

Gockelhahn

Man nehme einen Fingerhandschuh aus Wolle oder Leder. Er wird so über die Hand gezogen, daß Daumen und Zeigefinger auf ihren rechten Platz kommen, während Mittel-, Ring- und kleiner Finger, statt in ihren jeweiligen Fingerling gesteckt zu werden, gebeugt werden. Die leeren Fingerlinge sind der Kamm des Hahnes und die gefüllten der Schnabel. Das ist die allereinfachste Handpuppe.

Schildkröte

Auch eine Schildkröte kann man aus einem wollenen Handschuh machen.

Mit einer Stopfnadel und einem starken Faden in derselben Farbe wie der Handschuh reiht man rund um die Öffnung (in großen Stichen, so daß man den Faden leicht wieder herausziehen kann, wenn der Handschuh etwas anderes werden soll) und zieht die beiden Fadenenden zusammen.

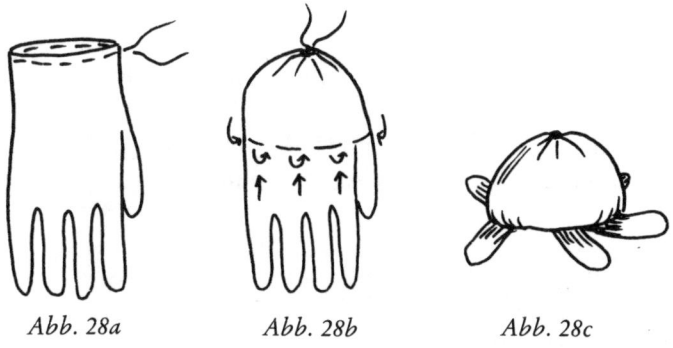

Abb. 28a   *Abb. 28b*   *Abb. 28c*

Nun wird eine Querfalte rund um den Handschuh gelegt (Abbildung 28b), und alles, was unterhalb der Falte ist, wird in die oben zusammengeschnürte Wölbung hinaufgestopft, bis nur noch ein Stückchen von den fünf Fingern unten herausschaut.

Man verteilt die Finger gleichmäßig um den ‹Panzer› und läßt den Daumen den Kopf der so hergestellten Schildkröte werden.

Igel

So macht man aus einem Wollfäustling einen Igel:
Stopfen Sie ein wenig Wolle in den Daumen, der das Schnäuzchen bildet.

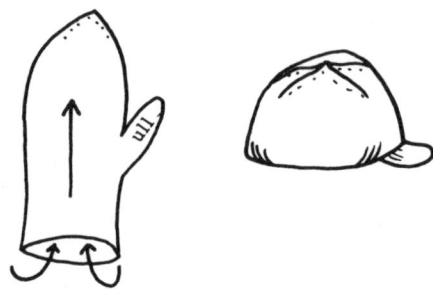

Abb. 29

Stopfen Sie dann das Bündchen und den größten Teil der Fäustlings-hand in den oben abgerundeten Teil für die Finger, so daß nur das mit Wolle ausgestopfte Schnäuzchen herausguckt.

Pferd

Ein Pferd aus einem Fingerhandschuh entsteht, wenn man die fünf Finger mit Wolle oder Watte ausstopft. Darauf wird das ganze Bünd-chen so weit wie möglich in den Handschuh hineingeschoben, bis der Daumen schräg nach oben steht (Abbildung 30).

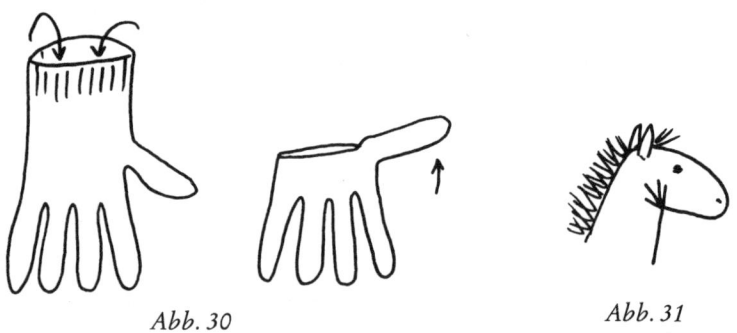

Abb. 30   *Abb. 31*

Man fädelt Garn in derselben Farbe wie der Handschuh in eine Stopfnadel und näht mit großen Stichen den Rücken des Pferdes zusammen.

Die Daumenspitze wird zu einem Kopf abgewinkelt und die so entstandene Falte unter dem Kinn mit Stichen zusammengenäht. (Siehe Abbildung 31.)

Aus Filz zwei kleine Ohren zuschneiden und am Kopf festnähen. Für Schwanz und Mähne nimmt man am besten Garn in einer abweichenden Farbe (Abbildung 32). Eventuell auch Zaumzeug machen wie auf Abbildung 33.

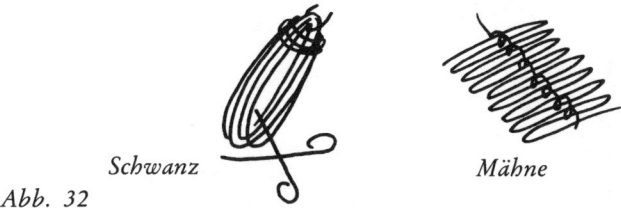

Schwanz　　　　*Mähne*

Abb. 32

Und jetzt kommt das Schwerste – das Pferd zum Stehen zu bringen!

Abb. 33

Elefant

So ähnlich wie das Pferd macht man auch den Elefanten.
Die vier Finger werden mit Wolle ausgestopft, jedoch nicht der Daumen. Nun wird das Bündchen nicht so weit in den Handschuh

hineingestopft, daß der Daumen wie beim Pferd schräg nach oben steht, sondern er soll, wie die übrigen Finger, nach unten zeigen.
Über dem Rücken zunähen.
Aus Filz zwei große Elefantenohren schneiden und festnähen (Abbildung 34).

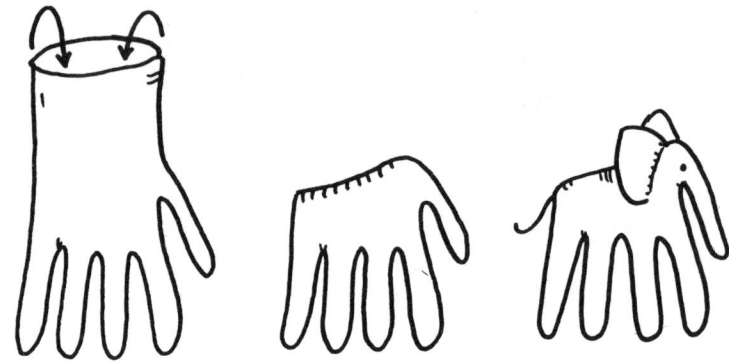

Abb. 34

Improvisieren Sie selbst weiter mit Handschuhen und Socken! Sicher bekommen Sie Ideen, wie man Tiere oder Puppen daraus machen kann.

Tiere aus Rohwolle

Wurftiere aus Wolle

Mit fein gekämmter Wolle in dünnen Schichten kann man die meisten der auf den vorhergehenden Seiten beschriebenen Knoten- oder Wurftiere fertigen, indem man die Rohwolle ganz einfach wie ein Stück Stoff behandelt.

Die Wolle hat jedoch die Tendenz, sich selbst wieder zu entknoten, weshalb es ratsam ist, ein paar dünne Wollfaserstränge um die Knoten zu wickeln.

Eine andere Möglichkeit, die Wollkreaturen zusammenzuhalten, ist, mit Nadel und Faden hier und da ein paar Stiche durch die Wolle zu machen.

Liegendes Schaf

Abb. 35

Das einfachste Tier, das man aus Wolle arbeiten kann, ist natürlich ein liegendes Schaf. Man kann es gut für die Weihnachtskrippe gebrauchen. Allein durch Abbinden eines größeren Wollbausches erreicht man ein schafähnliches Aussehen.

Wollbild auf Filz

Auf einem Hintergrund aus Filz kann man dekorative Arrangements machen, indem man schleierdünne Flocken gefärbter Rohwolle einfach auflegt.

Abb. 36

Das genügt schon, damit sie haften bleiben. Man ändert oder entfernt das Bild, indem man die Wolle einfach wieder vom Filz nimmt.

Tiere aus Pfeifenputzern

Will man ein haltbares Tier, das es auch verträgt, wenn damit gespielt wird, macht man zuerst ein Gestell aus Pfeifenputzern oder Draht. Die Wolle hält am besten auf Pfeifenputzern. In Hobbyläden findet man manchmal extralange Pfeifenputzer, die sich gut zur Herstellung von Puppen und Tieren eignen. Wenn man diese Art von Tieren macht, ist es sehr wichtig, daß man äußerst dünne Kammwollflöckchen zum Umwickeln nimmt, lieber zu dünne als zu dicke, denn fadendünne Schichten bleiben viel besser haften. Macht man das Gestell oder ‹Skelett› aus Draht, kann man die Wollschichten mit ein paar gelegentlichen Stichen oder ein wenig Textilien befestigen.

Abb. 37a

Man sollte jedoch nicht zu lange an dem Tier herumbasteln! Wie auf Abbildung 37a ersichtlich, bildet der Pfeifenputzer am Ende der Beine und des Schwanzes eine Öse. Das hat den doppelten

104

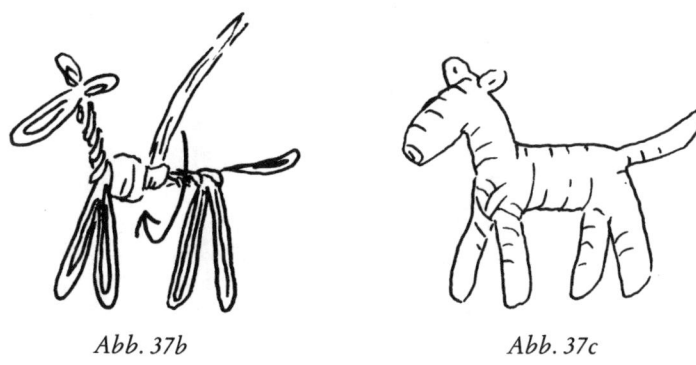

Abb. 37b   Abb. 37c

Vorteil, daß kein Drahtende hervorsteht und stechen oder kratzen kann, und daß man die Wolle unten an den Füßen gut mit Garn festnähen kann. Man macht einfach ein paar Stiche quer durch die Öse und wieder zurück. Andernfalls rutscht die Wolle oft über den Fuß herunter und wickelt sich vom Bein los.

Schäfchen für die Krippe macht man so, daß die Beine dünn wie Stöckchen sind und der Körper dick, rund und behäbig ist!

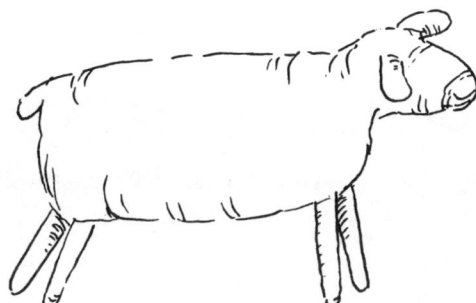

Abb. 38

Das Schweizer Volksmärchen «Der kleine Bergmann» (in: «Kleine Märchen und Geschichten», Verlag Freies Geistesleben) kann man mit einer springlebendig aussehenden Wollgeiß illustrieren, deren Fell mit Perlen und Edelsteinen besetzt ist, wenn sie von ihrem Abenteuer zurückkehrt.

Aus ungewaschener gekämmter Wolle kann man ganz einfach eine kleine Maus walken und filzen. Rupfen Sie etwas Wolle ab, tauchen Sie sie rasch in lauwarmes Seifenwasser und massieren Sie sie dann eine ganze Weile zwischen den Handflächen, bis daraus ein länglicher

Abb. 39

weicher Ball geworden ist: der Körper der Maus. Wenn er getrocknet ist, näht man kleine Filzöhrchen und einen Schwanz daran.

Man kann auch mehrere Wollstücke zu einem größeren Filz zusammenwalken, den man abbindet, so daß Tierfiguren entstehen, oder aus dem man Musterteile ausschneidet, die zusammengenäht werden.

Abb. 40: Schaf aus gewickelter Rohwolle und Bock, auf Pfeifenputzer gewikkelt. Der Bock ist mit Perlen geschmückt, weil er an einer kleinen Vorführung auf dem Tischtheater teilgenommen hat.

Tiere aus Wollgarn

Statt Rohwolle kann man natürlich auch Wollgarn um die zu Tieren gebogenen Pfeifenputzer wickeln, und zwar am besten Mohairgarn. Im übrigen geht man auf dieselbe Weise vor. Man kann auch die beiden Methoden kombinieren, so daß man mit der Rohwolle als Füllung beginnt und dann mit einem Garn in passender Pelzfarbe weiterwickelt.

An den Pfoten, an Nasen-, Schwanz- und Ohrenspitzen muß das Wollgarn festgenäht werden. Ist das Garn, das verwendet wird, dünn genug, kann man direkt damit nähen, sonst nimmt man dünneres Wollgarn oder Nähfaden in der passenden Farbe. Hat man ungesponnenes Garn zu Verfügung, kann man auch das verwenden.

Abb. 41

Hunde

Man kann kleine Hunde für eine ganze Hundeausstellung produzieren. Der Vorteil mit Hunden ist der, daß es so viele eigenartige Rassen gibt, daß man immer abgesichert ist, selbst wenn man etwas Hundeartiges mit ungewöhnlich apartem Äußeren zustande gebracht hat: «Aha, da haben wir also den mexikanischen Nackthund, ganz wie ich ihn mir vorgestellt hatte!» oder: «Wer hätte gedacht, daß es mir gelingen würde, den schottischen Hirtenhund gleich beim ersten Versuch so perfekt zu treffen!»

Unter den länglichen Sorten finden wir die Dackel und unter den klapperdürren die Windhunde. Besteht einer hauptsächlich aus Wuschelhaaren, kann man immer sagen, das sei ein old english sheepdog.

Kleingekräuseltes ist natürlich Malteser oder ungeschorener Pudel. Man sieht, die Möglichkeiten sind unbegrenzt!

Obwohl wir eigentlich beabsichtigt hatten, nur einen einzigen Hund zu machen, werden es immer mehr – bis wir die Hundeausstellung beisammen haben. Aber der erste Hund, den man sich gedacht hat, hat wahrscheinlich immer noch nicht das Licht der Welt erblickt!

Abb. 42

Man kann den Pelz des Hundes in einem zweiten Arbeitsgang mit Nadel und Faden besticken, wenn man ihn lockig haben will. Man macht einfach kleine Schlaufen. Ein Afghane bekommt mit Stielstichen einen Scheitel den Rücken hinuntergenäht. Das typisch struppige Terrier-Aussehen erreicht man eventuell mit ein paar widerborstigen Härchen über den Augen.

Die Beschäftigung mit solchen Hundchen ist genau das richtige für hundenärrische Kinder von zehn bis zwölf Jahren!

Affe

Dieser Kletteraffe macht kleineren Kindern Spaß, aber sie sollten vielleicht nicht allein sein, wenn sie damit spielen, denn da kann

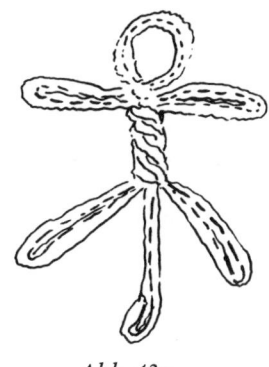

Abb. 43a   Abb. 43b

Abb. 44

allerlei kaputt- oder danebengehen: Das Stäbchen bricht ab oder wird für ungeplante Zwecke verwendet . . .

Aus Pfeifenputzern biegt man einen Affen zurecht. Er wird mit braunem oder weißem Wollgarn umwickelt, das sorgfältig an den Händen, Füßen, der Schwanzspitze und an der Nase festgenäht wird.

Weiter werden ein Blumenstäbchen, etwas grüner Filz, ein *dünnes* Gummiband und Textilien gebraucht.

Aus Filz drei oder vier gezackte Palmenblätter und einen 1,5 cm breiten und 4 cm langen Streifen ausschneiden. Die Blätter werden straußförmig am einen Ende des Stäbchens festgeleimt und der Ansatz mit dem Filzstreifen verstärkt, den man zuerst mit Leim bestreicht.

Nun knotet man das dünne Gummiband über der Verstärkung zwischen den Palmenblättern fest.

Die Arme und Beine des Affen gerundet nach vorne biegen, so daß er das

Stäbchen in losem Griff umfaßt. Er soll leicht hinauf- und hinunter-
gleiten können.

Man gibt dem Affen den Baum so zu umfassen, daß unter ihm noch
ca. ¼ der Länge des Stäbchens frei ist, dehnt den Gummifaden leicht
und knotet ihn dem Affen direkt unter den Achseln um die Brust.

Ob der Affe wohl Appetit auf Kokosnüsse hat? Wenn man ihn soweit
hinunterzieht wie es der Gummifaden und das Stäbchen erlauben und
ihn plötzlich losläßt, zeigt sich das. Hopp, sitzt er in der Baumkrone!
Er hält sich da oben an der Filzverstärkung fest, wenn zwischen
seinen Armen Platz genug ist, daß er ein Stück am Filz hochrutschen
kann.

Tiere aus Wollbommeln

Klassische Wollbommeltiere sind Häschen und Küken. Aber auch
Bären und Hunde lassen sich gut aus verschieden großen Bommeln
zusammensetzen. Hierbei ist zu merken, daß eine Bommel aus dünnem Wollgarn immer fester und besser formbar ist als eine aus dik-
kem, auch wenn diese natürlich wesentlich schneller gemacht ist.

Wenn man nicht so viel Pappe für die Ringe verbrauchen will, um die
die Wolle gewickelt wird, kann man sich Ringe zum Wiederverwen-
den aus zwei alten Plastikdeckeln machen. Meistens läßt sich mit

Abb. 45

110

einer kräftigen Schere problemlos ein Loch in die Mitte der Deckel schneiden.

Beim Umwickeln der Ringe mit Garn sollen die beiden Schlitze nicht direkt übereinanderliegen. Wenn man soviel Garn durchgezogen hat, daß das Loch in der Mitte des Ringes fast ausgefüllt ist, schneidet man es außen herum zwischen den beiden Ringscheiben

Abb. 46

auf, wickelt einen starken Bindfaden zwei- bis dreimal zwischen den Scheiben um das Innere der Bommel, zieht fest zu und verknotet den Faden. Dann werden die Ringe aus dem Wollbällchen herausgelöst.

Abb. 47

Die verschieden großen Bommeln, die Kopf und Körper des Tieres bilden, werden dann mit Hilfe einer langen Stopfnadel und eines starken Fadens zusammengenäht. Das Kaninchen bekommt Ohren aus Filz und das Küken Beine aus Pfeifenputzern, die mit gelber oder orangefarbener Wolle umwickelt und unten am Körperbällchen festgenäht werden, und einen Schnabel aus gelbem oder rotgelbem Filz.

Gehäkelte Tiere

Mit einer Strickliesel (Abbildung 48) kann man eine lange Schnur und daraus eine Schlange machen.

Soll die Schlange dicker sein, häkelt man einen Ring aus Luftmaschen und dann immer rund herum.

Hat man kein Muster, kann man verschiede-

Abb. 48

111

Abb. 49

ne Tiere frei improvisieren, zum Beispiel Tintenfisch, Marienkäfer,
Löwe, Krokodil. Bei Vierbeinern fängt man mit der Schnauze an. An
einem kleinen Ring aus Luftmaschen häkelt man rundherum weiter,
so daß die Schnauze länglich wird. Bei den Augen angelangt, nimmt
man zu und häkelt über den Scheitel weiter. Dann häkelt man nur die
Hälfte der Maschenanzahl, wendet, häkelt zurück usw. und arbeitet
so die an eine Strumpfferse erinnernde Wölbung des Hinterkopfes.
Beim Hals geht es wieder rund herum.

Abb. 50

Man kann das Tier ruhig in mehreren Teilen häkeln. Die Beine zum
Beispiel als rechteckige Stücke, die zu Röhren zusammengenäht
werden.

112

Abb. 51: Dieses gehäkelte Krokodil hat Beine aus wollumwickelten Pfeifen-putzern. Es wurde während der Arbeit nach und nach mit Wolle ausgestopft.

Ein Krokodil fängt man am besten am Bauch an und häkelt in Richtung Kopf. Wenn man diese erste Hälfte mit Wolle ausgestopft hat, häkelt man von der Mitte aus abnehmend weiter in Richtung Schwanz. Mit Hilfe einer Stopfnadel und Faden kann man hier und da die Form verbessern, wenn es nötig ist.

Bei gehäkelten Handpuppentieren fängt man dagegen von unten mit einem Ring Luftmaschen an, der weit sein soll, wenn man ihn um den Arm legt. Nun wird rundherum hinaufgearbeitet, so daß der Körper entsteht, wobei man Löcher für die Hinter- und Vordertatzen läßt, nimmt um den Hals herum ab und häkelt die Strumpfferse als Hinterkopf. Zur Schnauze hin abnehmen. Soll das Tier das Maul offen haben, spannt man eine Reihe Luftmaschen quer über die Rachenöffnung und häkelt Oberkiefer-partie und Unterkieferpartie jeweils für sich. Ohren werden auf- und Tatzen angehäkelt.

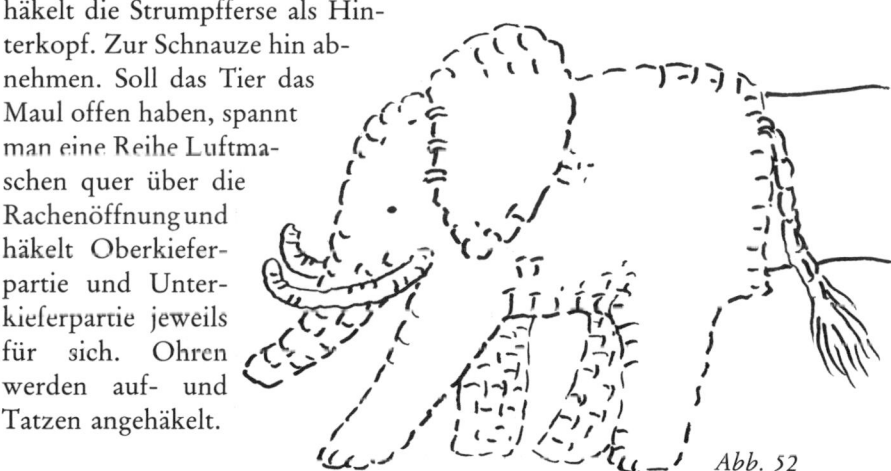

Abb. 52

113

Tiere aus alten Pullovern oder Mullbindenschlauch

Aus abgetragenen alten Pullis kann man schöne Kuscheltiere machen. Beine und Schwanz rollt man aus längeren, schmalen Stücken zusammen, und Körper und Kopf bestehen aus länglichen Säckchen, die mit den Resten des Pullovers gefüllt werden. Aus zwei übriggebliebenen Fleckchen näht man die Ohren.

Katze

Für die Beine schneidet man vier gleiche Stücke zu, etwa 9×15 cm, für den Schwanz einen langen Streifen von etwa 5×20 cm, und schließlich ein großes Stück für Körper und Kopf in einem: 25×25 cm (oder ein 25 cm langes Stück Ärmel).
Zuerst wird das große Stück der Länge nach gefaltet und an der Längsseite sowie an einer Breitseite zusammengenäht, aus der dann der Kopf entsteht. Zum Nähen nimmt man Stopfnadel und Stopfgarn. Der Kopf soll nicht abgerundet werden, sondern es sollen deutliche Ecken zu sehen sein, nämlich die Ohren.

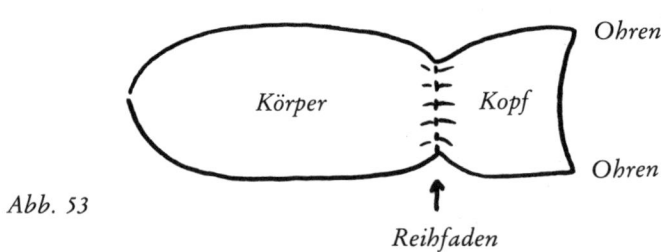

Abb. 53

Wenden Sie nun das Säckchen nach außen und füllen es ordentlich mit Rohwolle oder Abfallstücken des Pullovers. Um die Öffnung herum reihen, den Faden fest anziehen, knoten und vernähen.

114

Da wo der Hals sitzen soll, ebenfalls reihen (der Kopf soll etwa ¼ bis ⅓ des Säckchens messen).

Mit einigen Stichen Augen und Mäulchen markieren. Die Ohren können durch eine Naht zwischen Kopf und Ohr betont werden.

Wolle oder Pulloverreste in die für die Beine zurechtgelegten Stücke einrollen und mit langen Stichen zusammennähen. Unten zunähen, Tatzen hochbiegen und die dadurch entstandenen Falten zusammennähen. Oben drückt man die Beine platt und näht sie direkt an den Körper an.

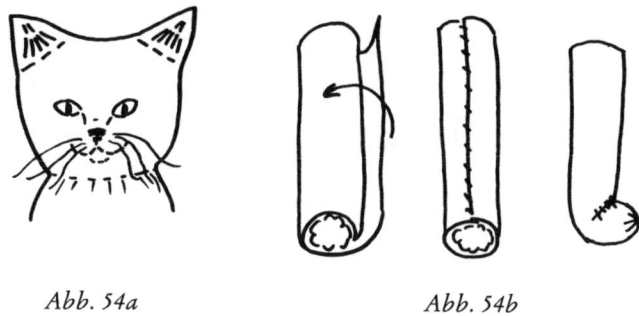

Abb. 54a   Abb. 54b

Der Schwanz braucht nicht gefüllt zu werden, sondern man wickelt nur eine lange Rolle, näht sie am ganzen Schwanz entlang zusammen, der dann außen in einer Spitze ausläuft. Am Körper annähen.

Da jede Katze mit Selbstachtung einen Schnurrbart hat, muß man sich wohl bequemen, einige Fadenhärchen rechts und links vom Mäulchen festzunähen.

Abb. 55

Wenn man seine Katze nun vorsichtig hinter dem Ohr krault, kann man sie, wenn man ganz genau hinhört, schnurren hören. Und sie möchte sicher gern ein schönes Körbchen mit einer weichen Decke zum Drauflegen haben!

Schweinchen

Abbildung 56 zeigt ein einfaches Muster für ein Schweinchen. Es kann aus einem Woll- oder Baumwollpulli genäht werden, rosa wenn es ein zahmes und braun-gelb gestreift, wenn es ein wildes ist (Foto S. 86).

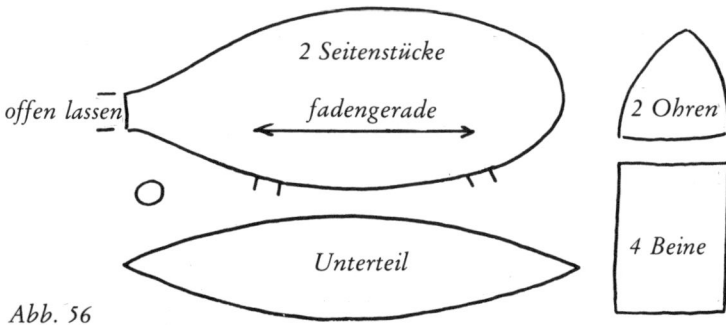

Abb. 56

Musterteile auf den Stoff überführen: zwei Seitenteile und ein Unterteil. Größe nach Belieben. Mit Nahtzugabe zuschneiden.
Die beiden Seitenstücke werden rechts auf rechts gelegt und am Rücken entlang zusammengenäht. Man fängt über dem Rüssel an, dann den Rücken entlang bis zum Schwanz.
Nun das Unterteil an den Seiten so festnähen, daß vier Löcher für die Beine offenbleiben. Eines der Löcher muß so groß sein, daß man das Schweinchen wenden und ausstopfen kann. Auch für den Rüssel bleibt eine kleine Öffnung, über die man ein rundes Stückchen Stoff näht.
Das Schweinchen wenden und mit Wolle ausstopfen, dann die große Öffnung verkleinern.
Für die Beine werden vier gleichgroße Stoffstücke zugeschnitten. Daraus macht man kleine, harte Rollen, näht sie zusammen, stopft sie in die Beinlöcher und näht sie rundum am Bauch fest.

Die beiden dreieckigen Ohren werden am Kopf festgenäht und eventuell an der Unterseite gereiht, damit sie sich ein wenig wölben.
Als Schwänzchen befestigt man eine dünne Schnur. Kleine Äuglein mit Nähfaden sticken.

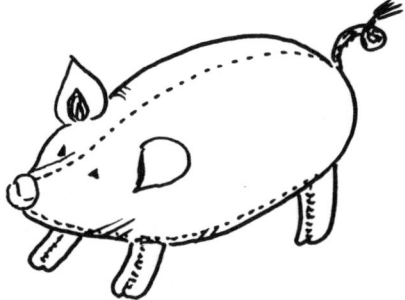

Abb. 57

Hat man im Augenblick keine Pullover, die ausrangiert werden sollen, kann man in die Apotheke gehen und Mullbindenschlauch in verschiedenen Breiten kaufen, vor allem den schmalsten, den Fingerverband, und einen, der 4 cm breit ist. Mullbindenschlauch verwendet man als Innenhaut beim Nähen von Stoffpuppenköpfen (näheres dazu in meinem «Puppenbuch – wie man Puppen selbermacht und was sie für Kinder bedeuten»), aber man kann dieses angenehme Baumwollmaterial auch zum Tieremachen benutzen:

Affe

Mit einer schlenkernden Affenmarionette läßt sich gut spielen. Dazu brauchen wir 85 cm vom schmalsten Mullbindenschlauch (1 cm breit). Das reicht für Arme, Beine und den langen Schwanz. 25 cm eines breiteren Mullbindenschlauchs werden zu Kopf und Körper in einem Stück. Außerdem braucht man vier Steinchen in der Größe von Bohnen als Gewichte für die Hände und Füße und eine Schnur, um den Affen daranzuhängen, eine Stopfnadel zum Nähen und natürlich etwa 50 Gramm Rohwolle, um den Affen auszustopfen. Man kann den fertigen Affen ausgezeichnet in ein Farbbad tauchen, das aus einer braunen Textilfarbe bereitet wird (aber bitte nicht zu heiß baden, denn das schadet der Wolle!).

Machen Sie nun einen Knoten in das eine Ende des breiten Mullbindenschlauchs und wenden Sie ihn, so daß der Knoten nach innen kommt. Wickeln Sie die Wolle zu einem Ball von Pingpong- bis Tennisballgröße, nicht allzu hart.

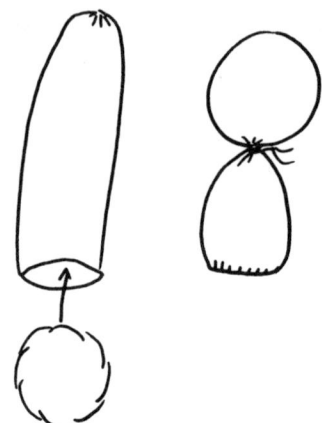

Abb. 58a

Den Wollball in den abgeknoteten Mullbindenschlauch stecken und mit einem starken Faden darunter abschnüren, damit der Kopf an der rechten Stelle bleibt. Der Hals soll ganz schmal und wackelig sein.
Nun wird der Körper mit Wolle gefüllt. Er soll ungefähr ebenso lang sein wie der Kopf (also gelten ganz andere Proportionen als für Puppen!).
Unten so zunähen, daß der Körper ziemlich breit abschließt.
Kopf wie auf Abbildung 58b abschnüren.

Abb. 58b: Um die vordere Gesichtspartie des Affen wird ein starker Reihfaden durch den Stoff gezogen. Durch Zusammenziehen des Fadens rückt man die untere Gesichtshälfte nach vorn. Faden vernähen und abschneiden.

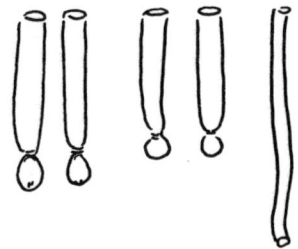

Abb. 58c

Als nächstes schneidet man den schmalen Mullbindenschlauch in fünf
Teile: zwei kürzere für die Beine, zwei längere für die Arme und
einen sehr langen als Schwanz. Der affenartige Eindruck wird durch
die langen Arme verstärkt.
Die Arme und Beine werden nun lose mit Wolle ausgestopft und die
vier Steinchen ganz unten eingelegt. Darunter wird jeweils zugenäht
und die Hand- und Fußgelenke umschnürt. In den Ellbogen und
Knien soll keine Wolle sein, damit sie sich leicht beugen. Arme und
Beine am Körper festnähen. Den Schwanz mit einem dünnen Woll-
strang füllen und festnähen.
Jetzt kann der Affe an Fäden aufgehängt und sein Bewegungsvermö-
gen ausprobiert werden. Eine lange Schlaufe geht vom Scheitel zum
Nacken, und eine zweite verbindet die beiden Hände. An den Füßen
braucht er keine Fäden, denn es soll ja eine einfache Marionette sein;
am Schwanz dagegen kann er ruhig einen haben!

Abb. 59

119

Ein paar schwarze, blanke Kugelknöpfe oder Perlen als Augen vervollständigen die Arbeit (man kann die Augen auch aus schwarzglänzendem Perlgarn sticken).

Schwan

Ihn kann man als Marionette, Mobile oder anderen Hängeschmuck verwenden. Für den Schwan brauchen wir ca. 10 cm von dem schmalen Mullbindenschlauch und 50 cm von dem breiteren. Außerdem etwa 1 m nicht allzu dünnen Draht, eine Zange, weißen Faden, Rohwolle zum Ausstopfen und für den Schnabel etwas Stickgarn in orange und schwarz.
Als erstes biegt man sich einen Schwan aus Draht zurecht, wobei man am Schnabel beginnt. Das ganze Tier soll etwa 20 cm messen.

Abb. 60

Nun umwickelt man das Drahtgerüst mit Wolle oder Stoffresten, dünn um den Schnabel, dicker um den Kopf, dann wieder etwas weniger um den Hals und ganz dick um den Körper. Mit Textilleim ankleben.

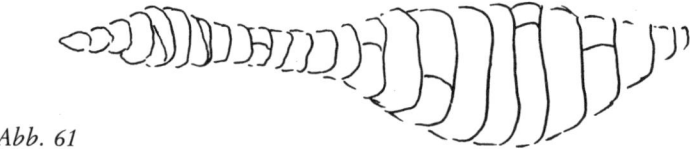

Abb. 61

Der schmale Mullbindenschlauch wird nun über Kopf und Hals gezogen, was ein bißchen schwierig ist, weil die Füllung leicht mitrutscht. Glücklicherweise kann man den Mullbindenschlauch sehr kräftig dehnen, so daß er kurz und breit wird und auf diese Weise leicht überzuziehen ist, worauf man ihn an Ort und Stelle wieder langzieht.

120

Nachdem man den breiteren Mullbindenschlauch über den Körper des Schwans gezogen hat, näht man ihn mit dem schmalen am Halsansatz mit weißem Faden zusammen. Dabei muß man, ehe man näht, die breitere Gaze ein wenig in Falten drapieren, besonders an der Brust. Dann streicht man den Mullbindenschlauch nach hinten, so daß er gestreckt ist, und zieht ihn zu einem unordentlichen Schwanz zusammen.

Jetzt werden die Gesichtszüge geordnet und am Schnabel in Falten gelegt; eventuell wird abgeschnitten, was zuviel ist. Mit ein paar Stichen festnähen. Mit dem gelbroten Stickgarn umwickelt und umnäht man abwechselnd den ganzen Schnabel. Wenn es ein Hökkerschwan ist, bekommt er auch einen schwarzen Höcker am Schnabelansatz (Abbildung 63). Der wilde Schwan oder Singschwan hat nicht diesen schwarzen Höcker und einen gelben statt orangefarbenen Schnabel.

Abb. 62

Nun sind die Flügel an der Reihe! Aus Draht biegt man zwei gleiche, flügelförmige Gebilde (Abbildung 62). Darüber werden zwei gleichlange Stücke des breiteren Mullbindenschlauchs gezogen. An den Spitzen einschlagen und festnähen, dann an den Körperseiten der Flügel.

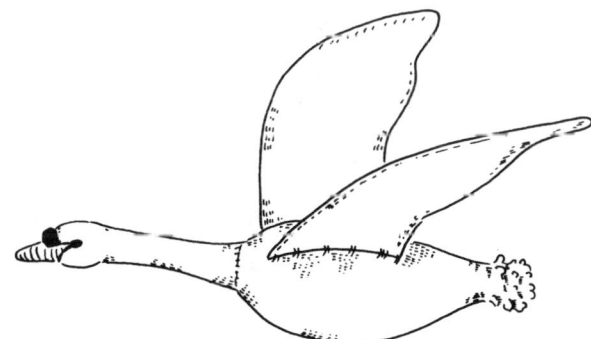

Abb. 63

Die Flügel werden dann mit sehr großen, losen Stichen am Körper festgenäht, so daß sie beweglich sind.

Man hängt den Schwan an zwei Schlingen auf, wovon die eine vom Halsansatz zum hinteren Teil des Körpers geht, während die andere die beiden Schwingen verbindet. Sie werden ungefähr mitten auf den Flügeln, aber etwas in Richtung Flügelspitze angebracht. Jetzt kann der Probeflug stattfinden!

Bär

Mit einer anderen Variante des Abbindens als wir sie bei den Puppen und beim Affen benutzt haben, können wir eine Bärenphysiognomie schaffen.

25 cm des 4 cm breiten und 50 cm des 1 cm breiten Mullbindenschlauchs werden braun gefärbt.

Das breitere Stück oben abknoten und wenden. Nun haben wir ein Säckchen wie auf Abbildung 64a.

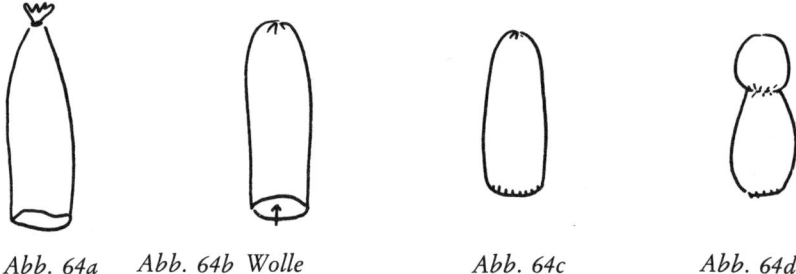

Abb. 64a   Abb. 64b Wolle   Abb. 64c   Abb. 64d

Das ganze Säckchen mit Wolle ausstopfen und unten zunähen (Abbildung 64b und c). Einen Reihfaden durch den Stoff ziehen, wo der Hals sein soll (Abbildung 64d).

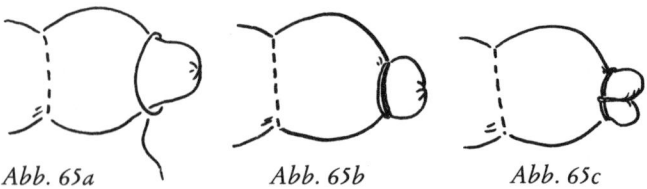

Abb. 65a   Abb. 65b   Abb. 65c

Einen starken Faden in derselben Farbe wie die Gaze einfädeln. Vorne am Kopf, wo die Schnauze entstehen soll, nimmt man ein entsprechend großes Stück des Säckchens zwischen die Finger der einen Hand, vernäht den Faden an der Unterseite des Kopfes und wickelt den Faden mehrere Male um die Schnauze herum (Abbildung 65a und b). Nun wird der Faden im einen Mundwinkel vernäht, aber nicht abgeschnitten. Aus dem Abgeschnürten entsteht nun das Maul dadurch, daß der Faden zum anderen Mundwinkel hinübergespannt wird, worauf man die Nadel durch die Schnauze zum gegenüberliegenden Mundwinkel zurücksticht. Das wird mehrere Male wiederholt, bis das Maul wirklich deutlich hervortritt (Abbildung 65c). Dann Faden vernähen und abschneiden.

Abb. 66   *Abb. 67*

Mit weiteren Stichen kann man die Augen hervorheben und oben am Kopf kleine Öhrchen abschnüren (Abbildung 66). Damit unser hübsches Tier auch stehen kann, müssen die Beine etwas Kräftiges enthalten, zum Beispiel Rollen aus Baumwollstoff, wie er für Bettücher verwendet wird. Diese Rollen können zusammengeklebt oder -genäht werden, worauf sie mit Rohwolle umwickelt und in den schmalen Mullbindenschlauch gesteckt werden. Die Beine sollen verhältnismäßig lang gemacht werden, so daß man sie (Abbildung 67) außen am Körper festnähen kann. Sowohl bei den Vorder- als auch bei den Hinterbeinen sticht man quer durch den Körper und die Beine, und zwar einige Male und an derselben Stelle, so daß sich die Beine nach vorn und hinten bewegen lassen.
Schließlich bekommt der Bär noch ein winzigkleines Schwänzchen.

Abb. 68

Gockelhahn

Schneiden Sie 10 cm von dem 4 cm breiten Mullbindenschlauch ab, und stopfen Sie Wolle hinein. Die beiden Öffnungen werden durch Hineinstecken der Gaze nach unten abgeschrägt, so daß ein Dreieck entsteht, dessen offene Seiten mit weißem Nähgarn zugenäht werden. Ein weiteres Stück Mullbindenschlauch in Falten drapieren und als Schwanz an der einen Spitze des Dreiecks festnähen.

Auch an der vorderen (Hals-)Spitze wird ein ähnliches Stück festgenäht, diesmal als üppiges Brustgefieder drapiert. Formen Sie auch den Schnabel, der mit gelbem Faden umwickelt wird. Vernähen.

Aus rotem Filz einen stark gebuchteten Kamm und zwei rundlich-längliche Lappen zuschneiden, die auf dem Kopf bzw. unter dem Schnabel festgenäht werden.

Die ziemlich großen Füße des Hahns biegt man aus Pfeifenputzern zurecht. Sie werden mit gelbem Garn umwickelt – ein Glanzstickgarn eignet sich ausgezeichnet – und dann ein Stückchen in den Körper hineingeschoben, nachdem man durch Vorbohren mit einer Stricknadel Platz bereitet hat. Dann näht man die Beine fest, und der Hahn bekommt Augen aufgestickt.

Abb. 69

Hühner macht man nach demselben Prinzip, aber sie bekommen keine üppig drapierten Federn, sondern nur einen sehr einfachen Schwanz und Kamm und sind natürlich auch etwas kleiner (siehe Foto S. 67).

Stofftiere

Zur Fertigung dieser Tiere, die aus mehreren Musterteilen zusammengesetzt sind, eignen sich die meisten Stoffe aus Naturmaterial. Für eine ganze Schulklasse ist es am einfachsten, man färbt große Stücke Baumwollstoff für Bettücher, aus denen die Tiere dann gearbeitet werden. Aber auch Frottee, Flanell und Filz sind zu empfehlen.

Bevor man den Stoff zuschneidet, muß man ihn jedoch auf seine Dehnbarkeit hin untersuchen. Ein lose gewebter und sehr elastischer Velours ist problematisch, weil der Stoff nicht die Form hält und das Tier schief und krumm wird oder sich so sehr dehnt, daß es unförmig wird. Wählen Sie also lieber einen weniger elastischen Stoff!

Wenn das Tier besonders haltbar sein soll, sichert man die Schnittkanten des Stoffes nach dem Ausschneiden der Musterteile mit Zickzacknähten.

Beim Wenden und Ausstopfen schmaler Beine ist es gut, ein Blumenstäbchen zur Hand zu haben. Damit geht es viel leichter.

Wolle ist das am besten geeignete Füllmaterial für die Tiere. Sie halten dann die Form und können bei 30 Grad gewaschen werden. Für Tiere, die als Kinderspielzeug gedacht sind, sollte man also Wolle in irgendeiner Form als Füllung wählen. Handelt es sich dagegen um Tiere, die man nur zum Hinstellen macht, für die Weihnachtskrippe oder feingliedrige kleine Tiere, die vorsichtig behandelt werden und die man nicht wäscht, kann man auch Watte oder eine Rohbaumwolle besserer Qualität nehmen.

Watte ist nicht so widerspenstig und bleibt besser als Wolle in kleinen Ohren und Schnäuzchen, hat aber den Nachteil, daß sie klumpt. Ein mit Watte oder Rohbaumwolle gefülltes Tier muß sehr fest ausgestopft werden, weil es sonst bald die Form verliert.

Bevor wir nun mit dem Zeichnen eigener Muster beginnen, wollen wir als Übung einfachere Tiere mit paralleler Beinstellung nähen.

Zeichnen Sie die Musterteile zum Beispiel auf Butterbrotpapier ab, oder übertragen Sie sie in größerem Format auf gewöhnliches Papier, das Sie in Quadrate eingeteilt haben – so, daß jedes Quadrat im Buch (ab S. 140) zwei oder mehreren Quadratzentimetern auf Ihrem Papier entspricht. Das Muster wird dann von dem Papier mit den kleinen auf das Papier mit den größeren Quadraten übertragen. Man kann es natürlich auch mit dem Kopiergerät vergrößern, wenn man die Möglichkeit dazu hat. Am allerbesten ist, sich an das freihändige Zeichnen des Musters zu wagen.

Abb. 70

Elefant

Schlagen Sie S. 140 auf und zeichnen Sie das Elefantenmuster ab. Schneiden Sie die Teile aus und legen Sie sie so auf den Stoff, daß die Beine parallel mit der Fadenrichtung verlaufen. Das eine Seitenstück soll nach rechts, das andere nach links aufgelegt werden. Platz für Nahtzugabe lassen (Abbildung 71).
Muster aufzeichnen und die Musterteile zuschneiden.
Die Seitenstücke werden rechts auf rechts aufeinandergelegt, festgesteckt und von etwas unterhalb des Schwanzes über den Rücken den Kopf am Rüssel entlang bis zum «Kinn» zusammengenäht (Abbildung 72).
Die Beine auseinanderfalten und das Unterteil zwischen die Beine legen, feststecken, und an allen vier Beinen und am Bauch entlang nähen. Eine Naht am Bauch und die vier Füße bleiben offen. Wo der Stoff stark eingebuchtet ist – an Bein- und Rüsselansatz – schneidet man die Nahtzugabe ein wenig ein, um das Wenden des Tieres zu erleichtern. Stoffkante mit Zickzack verstärken, wenn das Tier lange halten soll (Abbildung 73).

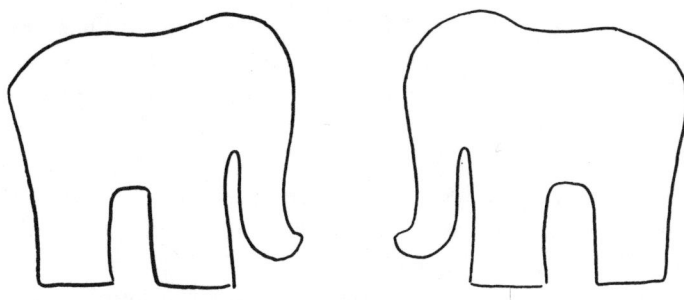

Zwei Seitenstücke, von denen eins nach
rechts und eines nach links gerichtet ist.

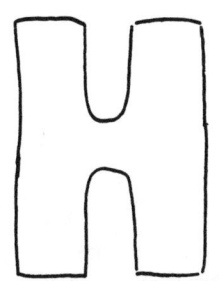

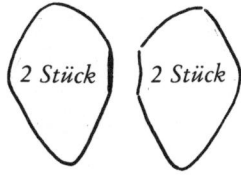

4 Ohren ausschneiden,
2 nach rechts und
2 nach links gerichtete.

Ein Unterteil, auf dem Muster
mit Bruch abgebildet.

Abb. 71

Abb. 72

Abb. 73

Die Arbeit wenden und beim Rüssel anfangen, mit Wolle auszustopfen. Die Beine müssen besonders oben sehr fest ausgestopft werden, weil sie sonst nachgeben und der Elefant nicht stehen kann.

Die noch offene Naht am Bauch mit unsichtbar verlaufenden Stichen zunähen.

Vier Fußsohlen nach Muster auf dem Stoff aufzeichnen und mit Nahtzugabe zuschneiden. (Als Verstärkung kann man vier runde Pappscheiben einlegen, bevor man die Fußsohlen annäht, aber die Pappe verträgt keine Wäsche.) Stabile Sohlen bekommt der Elefant, wenn man sie aus dickem Filz oder Leder zuschneidet, dann aber ohne Nahtzugabe.

Bevor man die Fußsohlen annäht, kontrolliert man noch einmal, daß alle vier Beine sorgfältig und gleichmäßig fest gestopft sind. Die untere Beinkante wird nach innen eingeschlagen und die Sohle angenäht.

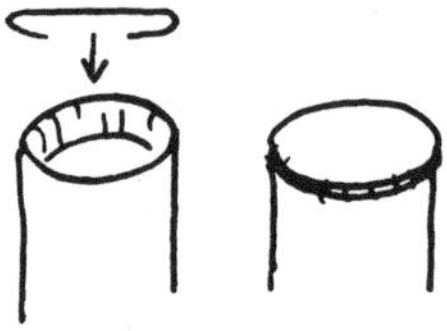

Abb. 74

Die Ohren vom Muster auf den Stoff übertragen. Zwei nach rechts gerichtete und zwei nach links gerichtete werden, jeweils rechts auf rechts gelegt, zusammengenäht und gewendet.

offen

Abb. 75   *Abb. 76*

Ohren festnähen. Der afrikanische Elefant hat sehr große Ohren, der indische kleinere.

Aus weißem Stoff kann man zwei Stoßzähne rollen, die geleimt und am Rüsselansatz festgenäht werden. Als Augen bekommt der Elefant ein paar kleine Stiche mit Nadel und Faden. Diese müssen ziemlich nah am Rüssel gemacht werden, sonst gibt es keine richtige Elefantenphysiognomie. Der Schwanz kann aus einem Stückchen Kordel mit ausgefranstem Ende bestehen (Abbildung 76).

128

Abb. 77

Dies war also das Prinzip für die einfacheren Tiermuster. Sie finden eine weitere Auswahl auf Seite 140 und den folgenden Seiten. Aber es macht ja viel mehr Spaß, selbst welche zu entwerfen! Im folgenden soll beschrieben werden, wie man ein etwas schwierigeres Muster für ein Tier im Lauf macht, dessen Beine also nicht parallel stehen, und das einen Einsatz hat, damit der Kopf größer wird.

Abb. 78a

Zebra

Schlagen Sie Seite 77–84 auf, wo die Vorübungen fürs Musterzeichnen beschrieben sind.
Wir stellen uns nun eine Landschaft vor, wo ein Zebra sich wohl fühlen würde und versuchen uns einzuleben. Wir malen oder zeich-

129

nen das vom Winde bewegte Savannengras und lassen den gestreiften Zebrakörper zwischen den geschmeidigen Grashalmen sichtbar werden, zuerst vage, dann immer deutlicher. Schließlich haben wir das Zebra deutlich sichtbar auf dem Papier.

Jetzt können wir zum Pauspapier greifen, es auf das Zebra legen und abpausen, so daß es aus seiner Savanne herausgehoben wird und sich schwebend in eine einfache Zebraform verwandelt. Damit die Beine des fertigen Tiers nicht allzu schmal werden, müssen wir das Muster um die Beine und auch um den übrigen Körper herum verbreitern. Ohren, Mähne und Schwanz fallen auf dem Muster weg. Sie werden später aufgenäht.

Abb. 78b

Den Umriß des Zebras deutlich nachziehen und auf ein doppeltes Papier übertragen, indem man es z. B. an die Fensterscheibe hält und abpaust.

Nun wird das Zebra mit allen vier Beinen aus dem doppelten Papier ausgeschnitten.

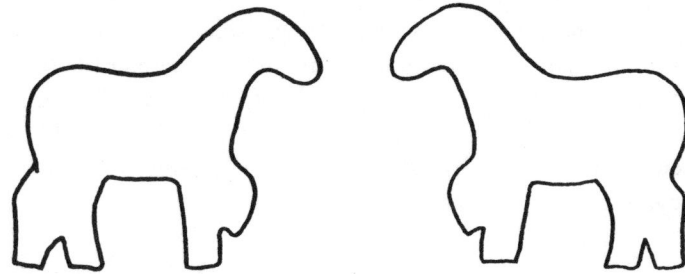

Abb. 79

Nehmen Sie jetzt die zwei identischen Schablonen auseinander, und wenden Sie die eine, legen Sie sie Nüster an Nüster vor sich auf den Tisch und markieren Sie sie, indem Sie beide Schablonen beschriften.

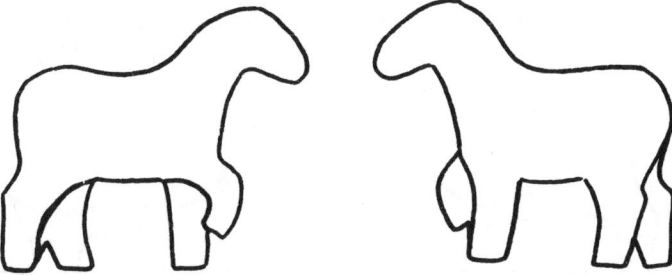

Abb. 80

Zeichnen Sie nun zuerst die Konturen der zwei Beine, die den großen Schritt machen und also am weitesten voneinander entfernt sind, fertig und bei der anderen Schablonenhälfte das andere Paar Beine, die nah beieinander stehen.

Die Beinreste an beiden Schablonen wegschneiden.

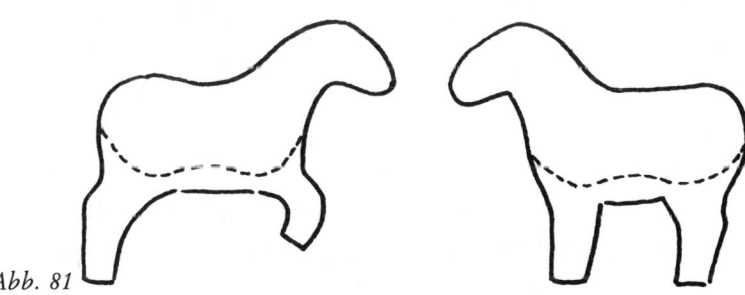

Abb. 81

131

Nun wird eine wogenförmige Bauchlinie eingezeichnet, die auf die andere Zebrahälfte gepaust wird. Auf ein neues Papier überträgt man als nächstes die Wellenlinie und den unteren Teil des Zebras mit den beiden Beinen. Verfahren Sie ebenso mit der anderen Hälfte, und schneiden Sie die beiden Teile aus, die also die Innenseiten der beiden Beinpaare und der Bauch des Tieres sind.

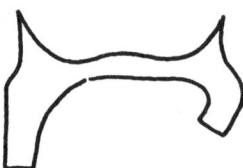

Abb. 82

Die beiden Unterteile werden *gewendet* und beschriftet. Mit der ursprünglichen Schablone verglichen, tragen sie die Markierung auf der entgegengesetzten Seite (Abbildung 83).

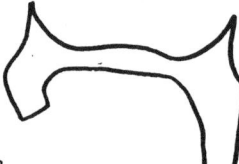

Abb. 83

Nun wird der Kopf von den Nüstern bis zum Hinterkopf gemessen und ein schmaler Einsatz mit derselben Länge aufs Musterpapier gezeichnet und dann ausgeschnitten.

Abb. 84

Der nächste Schritt ist die Überführung des Musters auf den Stoff. Hier gilt es, langsam und sorgfältig zu arbeiten! Die Nahtzugabe um alle Teile herum darf nicht vergessen werden.

Die Musterteile müssen so aufgelegt werden, daß der Stoff in den Beinen fadengerade ist. Die beiden Seitenstücke mit der Beschriftung nach oben auflegen. Mit Bleistift umranden oder mit Kugelschreiber punktförmig markieren. Die beiden Unterteile ebenfalls mit der Beschriftung nach oben auf den Stoff legen und übertragen.

Zuletzt wird der Einsatz für den Kopf auf den Stoff übertragen, dann werden alle Teile ausgeschnitten, wohlgemerkt *mit Nahtzugabe!*

Die beiden Körperhälften werden rechts auf rechts aufeinandergelegt und am Rücken mit Stecknadeln zusammengesteckt. In der Schwanzgegend angefangen, näht man die beiden Hälften bis zum Hinterkopf zusammen.

Abb. 85

Wenn man merkt, daß sich der aufeinanderliegende Stoff leicht verschiebt, kann man natürlich vor dem Nähen auch mit Heftfaden heften. Einen glatten Stoff näht man leichter mit der Hand als mit der Maschine. (In der 5. Waldorfschulklasse näht man im Handarbeitsunterricht alles mit der Hand.)

Jetzt wird das eine Unterteil an sein dazugehöriges Beinpaar gelegt, rechts auf rechts. Hier zeigt sich nun, ob man beim Zuschneiden sorgfältig gearbeitet hat oder ob ein Fehler unterlaufen ist. Nun an den Seiten der Vorder- und Hinterbeine und am Bauch entlang zwischen den Beinen zunähen, aber unten an den Hufen (respektive Tatzen) offenlassen, *wenn es sich um ein größeres Tier handelt.* Bei einem kleineren Tier dagegen kann man ruhig um das ganze Bein herum zunähen und nur am Bauch offenlassen.

Mit der anderen Beinseite verfährt man genauso, läßt aber eine Öffnung zwischen den beiden Unterteilen mitten auf dem Bauch.

Den Einsatz am Kopf feststecken und beide Nähte in dieselbe Richtung nähen, vom Hinterkopf zu den Nüstern. So vermeidet man, daß der Kopf schief wird.

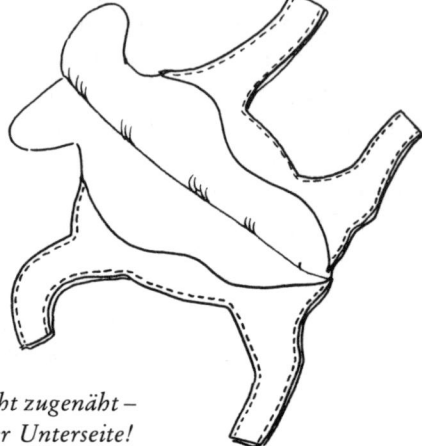

Abb. 86:
Der Kopf des Zebras ist noch nicht zugenäht –
daher das klaffende Loch an der Unterseite!

Von der Unterseite des Kopfes angefangen, die Brust und ein Stück am Bauch entlang, wird die noch offene Naht zusammengenäht. Auch hinten die Bauchnaht ein wenig schließen.

An allen Stellen, wo die Nähte scharfe Kurven machen, schneidet man die Nahtzugabe ein wenig nach innen ein, zum Beispiel an der Kehle, am Hinterkopf und an den Beinansätzen. So kann die Arbeit leichter gewendet werden. Wo die Nahtzugabe zu breit geraten ist, schmaler schneiden. Bei größeren Tieren, die schwerer sind und daher mehr strapaziert werden, sollte man die Kante der Nahtzugabe mit einer Zickzacknaht vor dem Ausfransen schützen.

Das Tier wird nun gewendet und mit Wolle, Wollresten oder ähnlichem ausgefüllt. Der Kopf muß bis ganz vorn gestopft werden und zwar fest! Das gilt für alle Teile des Tieres, damit es stabil wird.

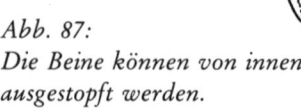

Abb. 87:
Die Beine können von innen
ausgestopft werden.

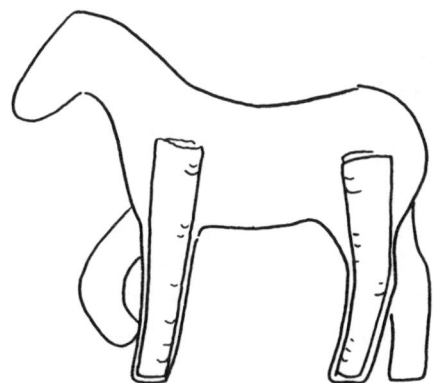

Abb. 88

Man kann die Beine von oben oder von unten füllen (wenn unten noch offen ist), aber es ist bedeutend einfacher, unten zugenähte Beine vom Bauch her auszustopfen.

Wünscht man besonders stabile Beine, können sie durch Stoffrollen verstärkt werden:

Machen Sie vier gleiche Rollen aus Wollstoff oder Rohwolle, die in Baumwollstoff gewickelt und mit Textilleim zugeklebt werden. Verlaufen die Beine des Tieres nach unten hin schmal, ist es einfacher, die Rollen durch den Körper in die Beine zu stecken und fest bis ganz unten hineinzudrücken. Es ist wichtig, daß die Rollen länger sind als die Beine, so daß sie noch ein gutes Stück in den Körper hinaufragen. Dadurch wird das Tier standfest. Die Körperfüllung wird geschickt um die Rollen herumarrangiert, so daß sie eingebettet sind.

Wenn dann der Bauch ordentlich und fest gefüllt ist, wird er mit Nadeln zusammengesteckt. Man preßt die Seiten des Tiers zusammen und macht eine unsichtbar verlaufende Naht.

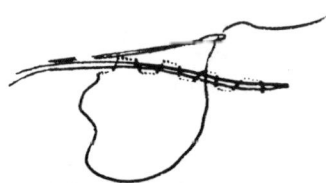

unsichtbar verlaufende Naht
Abb. 89 a

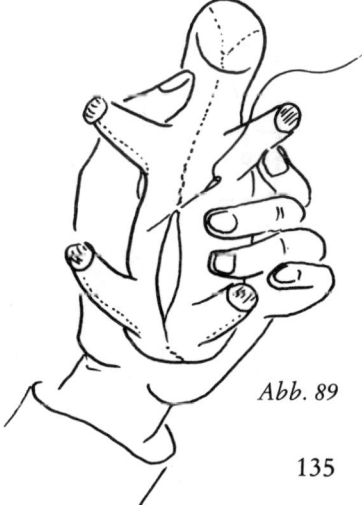

Abb. 89

Kann das Tier nun stehen? Vielleicht muß die Füllung durch ein wenig Massage zurechtgeschoben werden. Eventuell kann man die Beine stärker füllen oder auch kürzen, damit das Zebra eine bessere Balance bekommt. Wenn es ein großes Tier ist, ist es zweckmäßig, vier Fußsohlen auszuschneiden und unter die Pfoten oder Hufe zu nähen, ansonsten näht man, wie gesagt, die Beine unten an den Füßen von Anfang an zu. Standfestere Hufe erhält man, wenn man, wie auf Abbildung 90 gezeigt, vier runde Pappscheiben zurechtschneidet, die mit etwas größeren runden Stoffstücken überzogen werden.

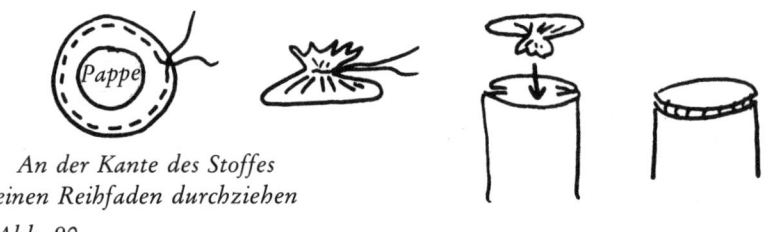

An der Kante des Stoffes
einen Reihfaden durchziehen
Abb. 90

Nun bleiben uns noch Ohren, Mähne und Schwanz unseres Zebras übrig.

Ohren: Zwei kleine Vierecke aus Bettuchbaumwollstoff zuschneiden, in der Mitte falten und die beiden oberen Ecken nach unten umschlagen, so daß ein Dreieck entsteht wie auf Abbildung 91. Das Ohr wird an der Basis gekräuselt und mit der Öffnung nach vorn angenäht. Es kann auch aus zwei Stücken zusammengenäht und dann gewendet werden wie auf Abbildung 91 a.

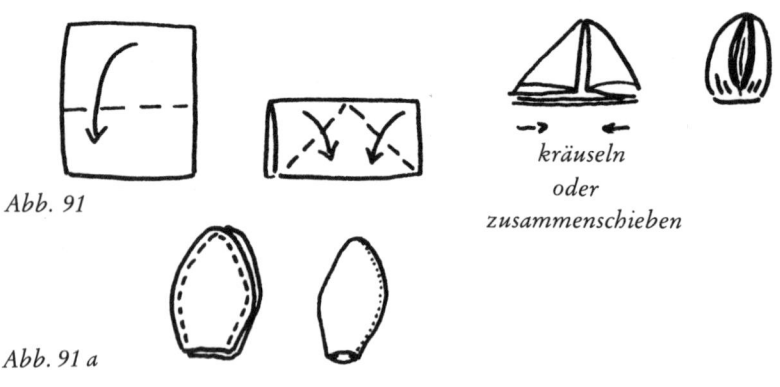

Abb. 91

kräuseln
oder
zusammenschieben

Abb. 91 a

136

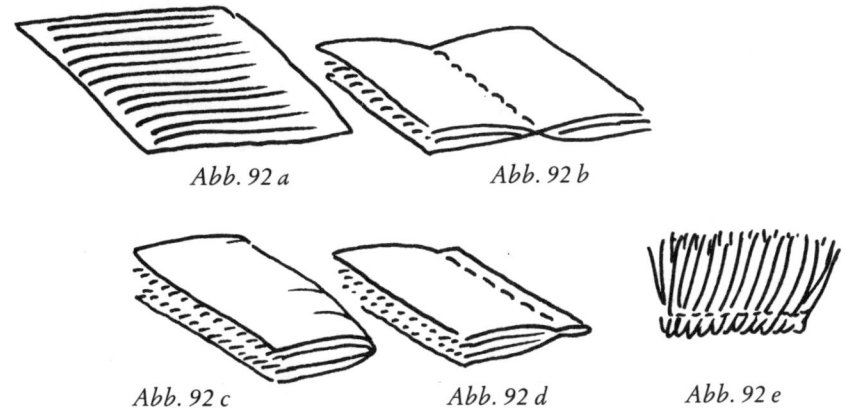

Abb. 92 a   *Abb. 92 b*

Abb. 92 c   *Abb. 92 d*   *Abb. 92 e*

Mähne: Entweder befestigt man ein paar Härchen mit Rya-Knoten oder man näht eine üppigere Mähne auf der Maschine: Auf ein Stückchen Seidenpapier, das so hoch wie der Hals lang ist, wird ein dichtes Lager von Fäden nebeneinandergelegt (Abbildung 92 a). Darauf kommt ein zweites Seidenpapier und das Ganze wird mit Nadeln zusammengesteckt. Nun näht man im rechten Winkel zu den Fadenenden eine gerade Naht auf der Maschine (Abbildung 92b). Das eine Seidenpapier wird entfernt, das andere um die Fäden geklappt, so daß diese nun doppelt aufeinanderliegen (Abbildung 92c). Neben der ersten Naht, die im Bruch liegt, wird eine zweite genäht, jetzt durch die doppelte Schicht Fäden (Abbildung 92d). Entfernen Sie auch das letzte Papier und Sie erhalten eine einzigartige Mähne (Abbildung 92e)! Sie muß nur noch am Hals des Tieres festgenäht werden. Beachten Sie jedoch, daß gerade Zebras sehr kurze, bürstenähnliche Mähnen haben.
Der Schwanz wird gemäß Abbildung 93 gemacht.

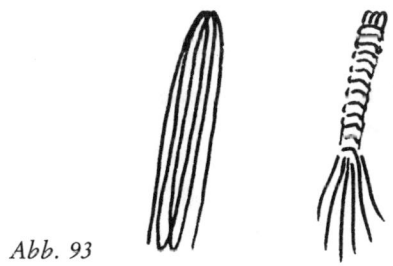

Abb. 93

Das Werk wird vollendet, indem man ein paar muntere Äuglein aufstickt und mit Textilstift das Zebra mit Streifen bemalt. Zum Fixieren der Farben wird es dann bei 150° Wärme in den Ofen gestellt. Nun kann es lostrappeln und die Welt erforschen!
Die Zebras oder Rentiere einer ganzen Klasse nebeneinandergestellt sind ein herrlicher Anblick. Kein Tier gleicht dem anderen!

Abb. 94

Es folgen nun eine Reihe von Mustervorschlägen für zehn einfache Tiere und sechs Modelle, nach denen Tiere in Bewegung genäht werden. Weiter ein Pferd mit Beinen, die nach vorn und nach hinten gedreht werden können. Diese Tiere sind als Übung gedacht, damit alle, die sich für das Nähen von Stofftieren interessieren, mit dem Arbeitsgang vertraut werden. Es ist jedoch sowohl für Kinder als auch Erwachsene viel anregender, eigene Muster zu zeichnen und selbst schöpferisch tätig zu sein!
Auch wenn das aufgezeichnete Tier ein bißchen merkwürdig aussieht, wird man feststellen, daß das fertige Stofftier großen Reiz hat. Falls das Tier Schwierigkeiten haben sollte, auf den Beinen zu stehen, kann man es anfeuchten, mit einem passenden Gewicht beschweren und es so trocknen lassen.

Die hier wiedergegebenen Muster wurden dem Format des Buches angepaßt und sind deshalb verhältnismäßig klein.

Vergrößern Sie sie also, bevor Sie sie auf den Stoff übertragen!
Und verlieren Sie bitte das Ziel nicht aus den Augen:
Eigene Tiere zu entwerfen!

Abb. 95: Kamel. Beschreibung auf S. 129 und 164.

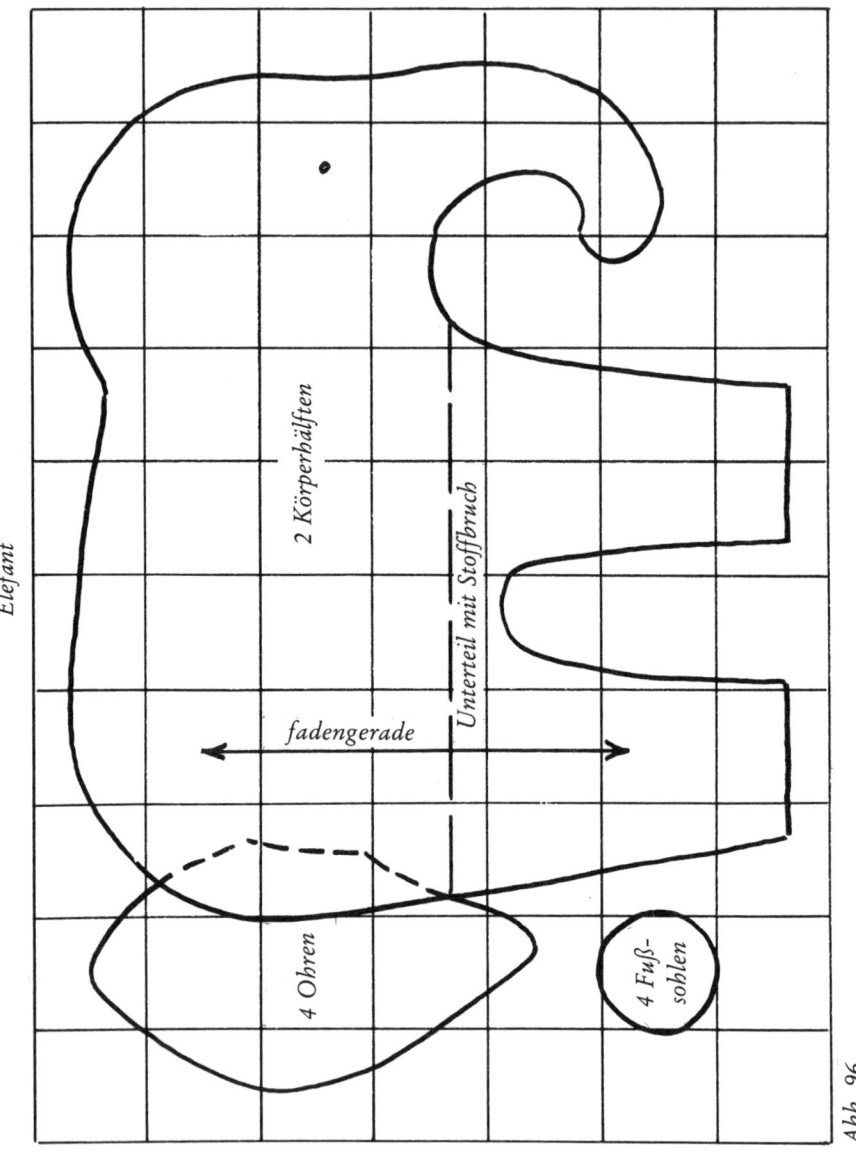

Elefant

2 Körperhälften

Unterteil mit Stoffbruch

fadengerade

4 Ohren

4 Fuß-
sohlen

Abb. 96

140

Abb. 97

Dieser Elefant ist aus einem sehr abgetragenen Wollpulli gearbeitet, der aber doch noch ein paar bessere Stellen hatte. Mit einer Wollfüllung ist er weich und kuschelig. Die Beschreibung ist auf S. 126.
Von dieser Beschreibung ausgehend, kann man dann auch die anderen einfachen Tiermuster zu nähen versuchen, die hier folgen.
Das Zebra, die Giraffe, das Kamel, der Löwe, der Eisbär und das Rentier bilden eine Gruppe für sich. Ihre Beine stehen nämlich nicht parallel, und deshalb sind sie etwas schwerer zu nähen. Sie sind ausführlich auf S. 129 beschrieben worden (Zebra).
Die Muster können verkleinert oder vergrößert werden, indem man sich ein eigenes Musterpapier mit kleineren, bzw. größeren Rechtecken zeichnet, die man mit Ziffern und Buchstaben markieren kann und auf das man dann das Tiermuster Linie für Linie überträgt.

141

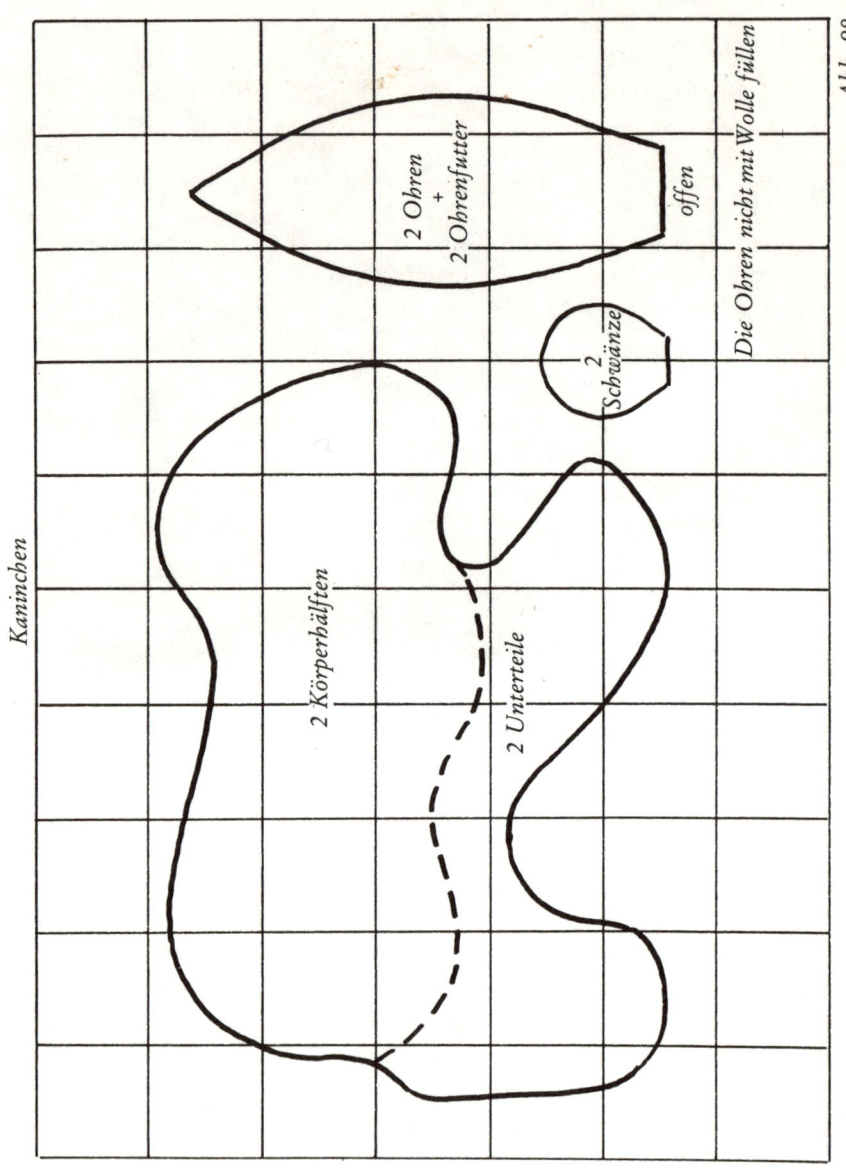

Kaninchen

2 Ohren
+
2 Ohrenfutter

offen

2 Schwänze

2 Körperhälften

2 Unterteile

Die Ohren nicht mit Wolle füllen

Abb. 98

142

Abb. 99

Kaninchen: Die Seitenstücke von der gestrichelten Linie ab über den Rücken um den Kopf herum bis zum Kinn aneinandernähen. Von den Unterteilen erst das eine und dann das andere anlegen und unten an den Seitenteilen festnähen.

Die Bauchnaht zwischen den beiden Unterteilen bleibt bis nach dem Wenden und Füllen offen.

Die Ohren näht man aus doppeltgelegtem Stoff, wobei man als Futter ein rosafarbiges Läppchen nehmen kann, läßt unten offen, wendet, stopft aber nicht die Ohren mit Wolle aus. Auch der Stoff für den Schwanz liegt doppelt (man kann ihn auch aus einem winzigen Garnknäuel machen). Als Augen und Schnäuzchen werden Punkte aufgestickt.

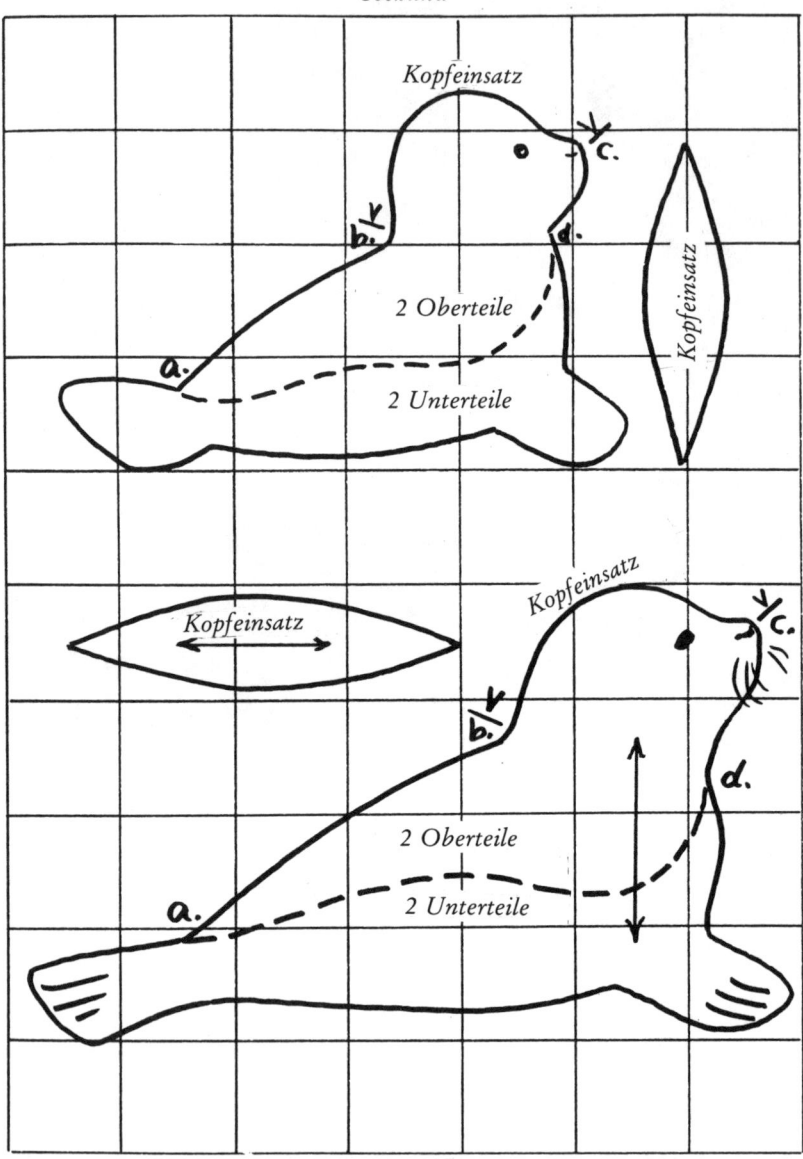

Kopfeinsatz

Kopfeinsatz

2 Oberteile

2 Unterteile

Kopfeinsatz

Kopfeinsatz

2 Oberteile

2 Unterteile

Abb. 100

144

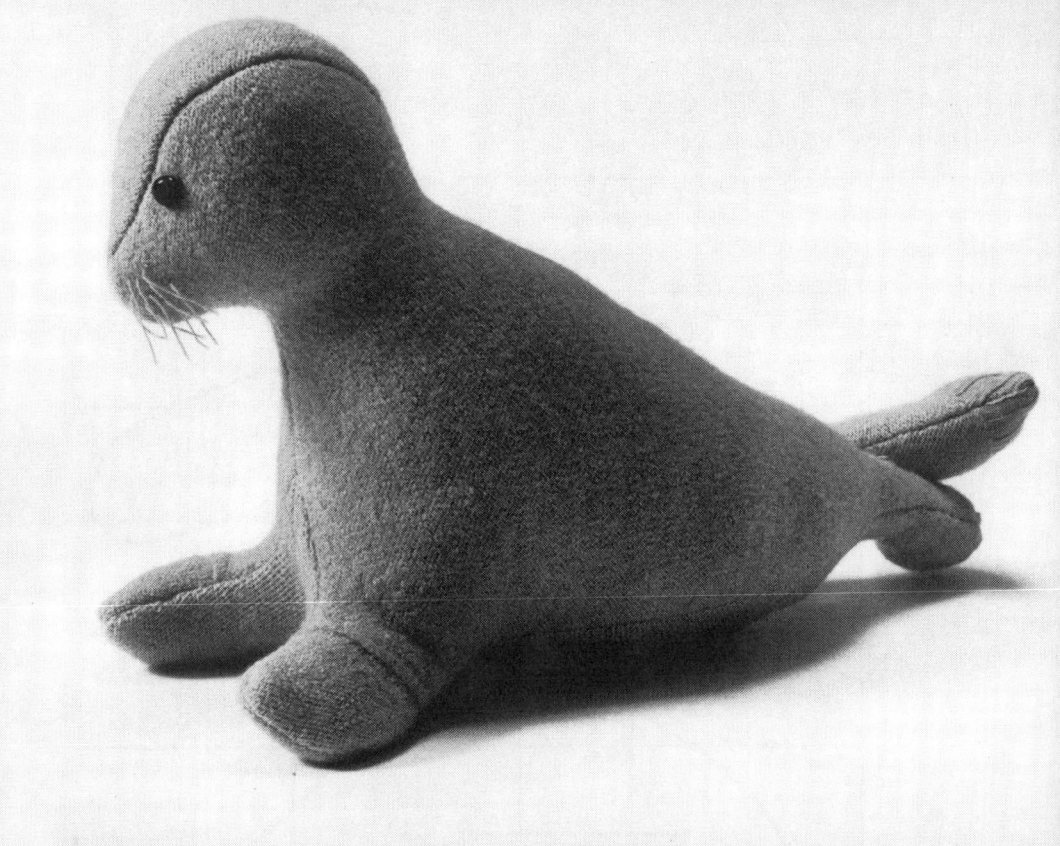

Abb. 101

Seehund: Die zugeschnittenen Seitenstücke rechts auf rechts legen und zuerst von a bis b zusammennähen. Kopfeinsatz dazwischensetzen und die beiden Nähte zur Schnauze herunternähen. Weiternähen von c nach d. Das eine Unterteil rechts auf rechts unten auf das Seitenstück legen. Von a anfangen, um die eine Schwanzflosse nähen, dann den Bauch entlang und um die Vorderflosse bis Punkt d. Mit der anderen Seite ebenso verfahren.
Die eine Hälfe der Bauchnaht zwischen den beiden Unterteilen wird von der Brust aus zugenäht. Durch die offengebliebene Hälfte der Naht wenden wir das Tier und füllen es. Augen, Schnauze und eventuell Schnurrbarthaare aufnähen.

145

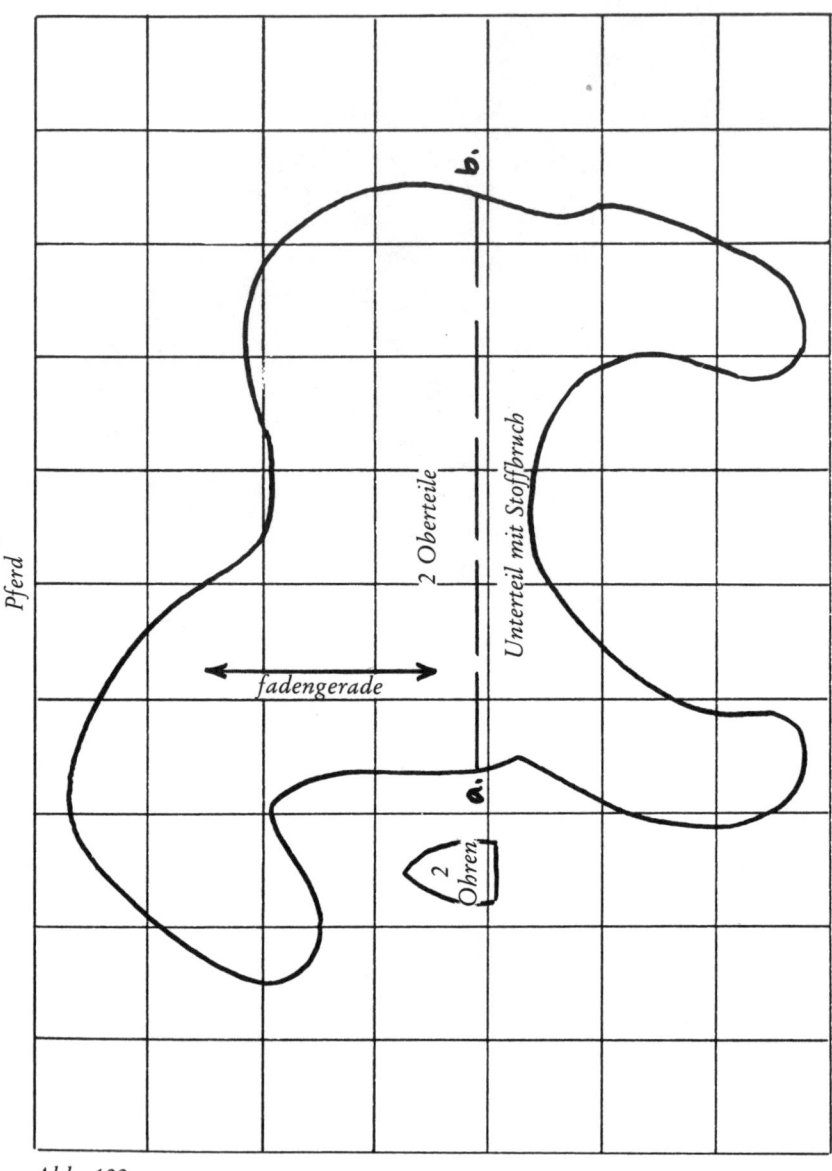

Abb. 102

Abb. 103

Pferd: Zuerst die Seitenteile von a bis b oben herum zusammennähen. Bei diesem Modell gibt es keinen Kopfeinsatz! Dann wird das Unterteil zwischen die beiden Seitenteile gelegt. Nicht vergessen, in der Bauchnaht eine Öffnung zum Wenden und Füllen des Tieres zu lassen! Das Unterteil wird um die Hufe herum aneinandergenäht und muß also von oben durch den Körper gefüllt werden.
Solche munteren kleinen Pferdchen kann man in vielen Farben nähen. Man variiert die Kopfhaltung und die Farbe von Schwanz und Mähne. Sie können auch mit ein paar Punkten bestickt oder mit Textilfarbe bemalt werden.

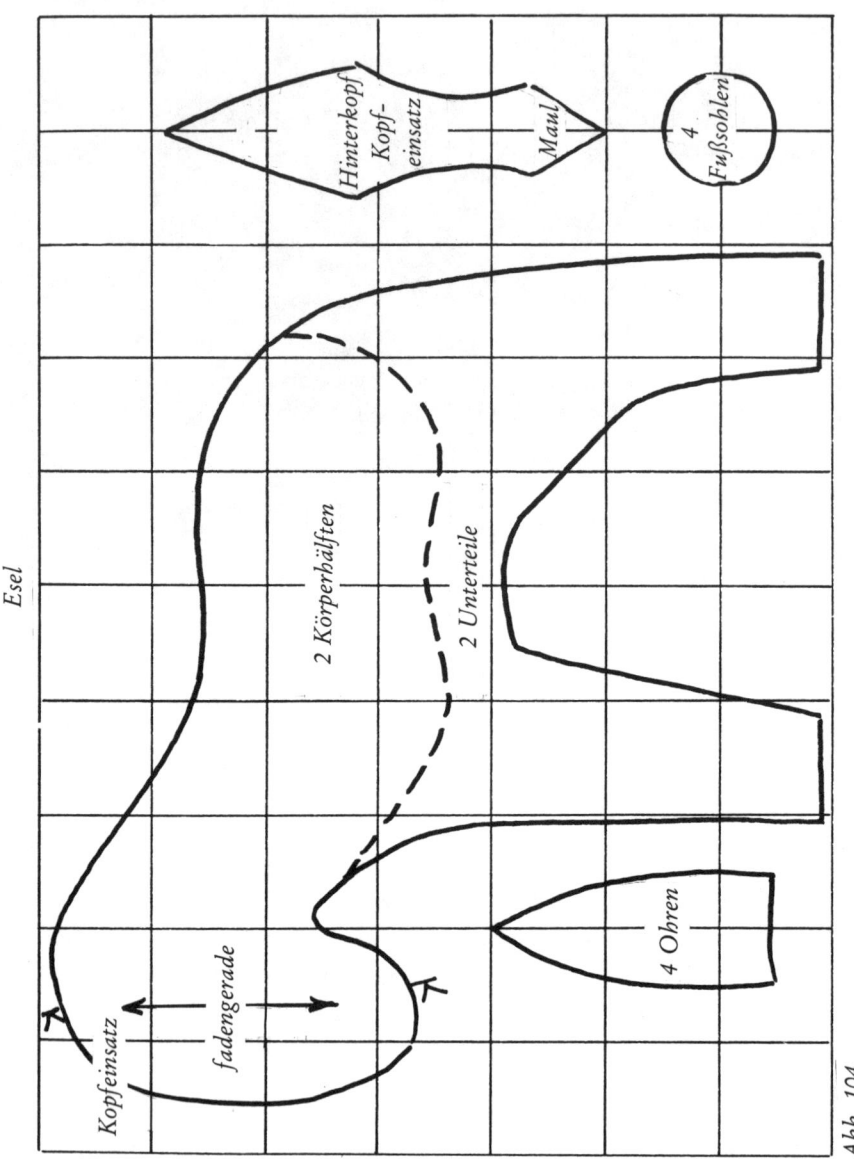

Esel

Hinterkopf
Kopf-
einsatz

Maul

4
Fußsohlen

2 Körperhälften

2 Unterteile

4 Ohren

Kopfeinsatz

fadengerade

Abb. 104

148

Abb. 105

Esel: Siehe Bild auf S. 76. Mit der Rückennaht von der Markierung am Hinterkopf bis zum Schwanz anfangen. Kopfeinsatz einlegen und annähen, weiter um das Maul herum bis zur gestrichelten Linie am Hals. Erst das eine, dann das andere Unterteil rechts auf rechts zwischen die Beine der Seitenstücke einsetzen und annähen. Unten an den Hufen offenlassen.
Bauchnaht nur zur Hälfte schließen, Esel wenden und ausstopfen. Die Ohren liegen doppelt, werden nach dem Zusammennähen gewendet und angenäht. Die Fußsohlen gemäß Beschreibung (Abbildung 74) nähen. Das Eselchen bekommt einen Schwanz wie das Zebra auf Abbildung 93.

Sitzender Hund

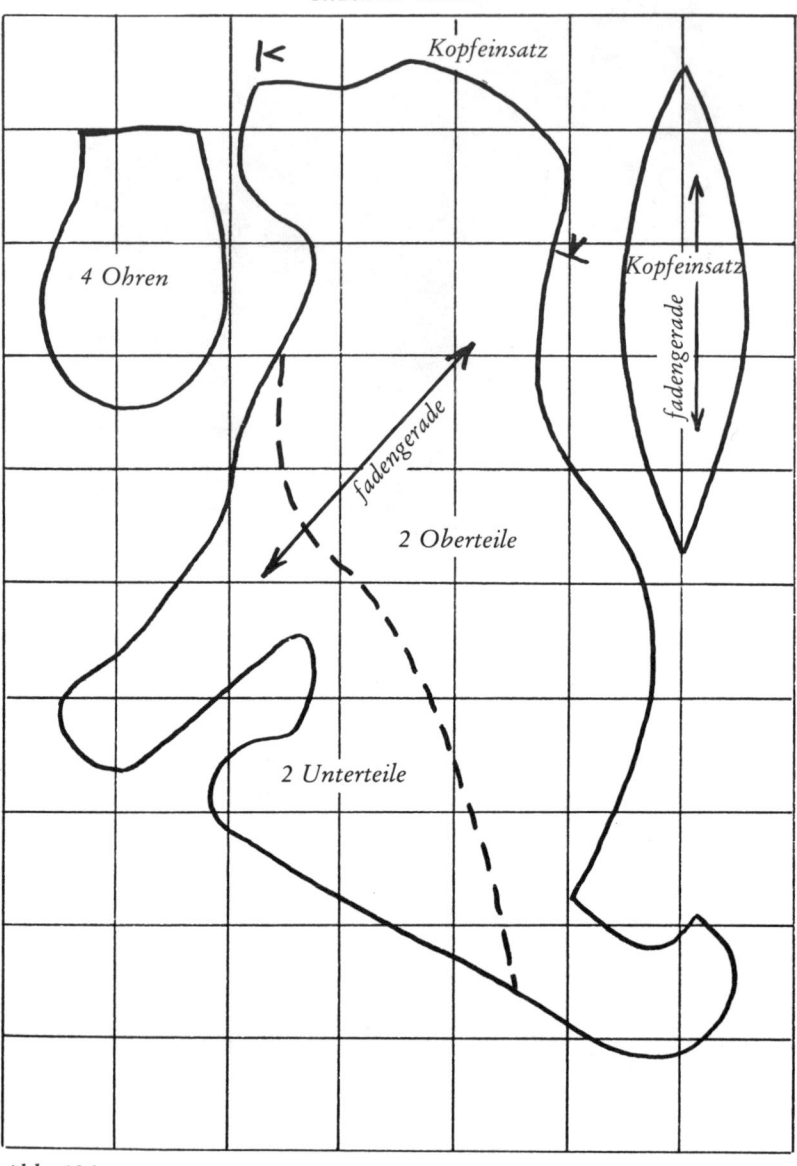

Abb. 106

Abb. 107

Sitzender Hund: Die Seitenstücke rechts auf rechts vom Nacken angefangen den Rücken entlang um den Schwanz herum bis zur gestrichelten Linie aneinandernähen.

Kopfeinsatz einlegen und festnähen. Die Seiten von der Schnauze aus bis zur gestrichelten Linie zusammennähen. Ein Unterteil und dann das andere einlegen und in einem Zug von der Brust am Bauch und Hinterbein entlang zur gestrichelten Linie nähen. Bauchnaht nur halb zunähen. Durch die verbleibende Öffnung wenden.

Ohren aus zwei Lagen Stoff nähen, wenden und festnähen. Punktförmige Augen und Schnauze sticken.

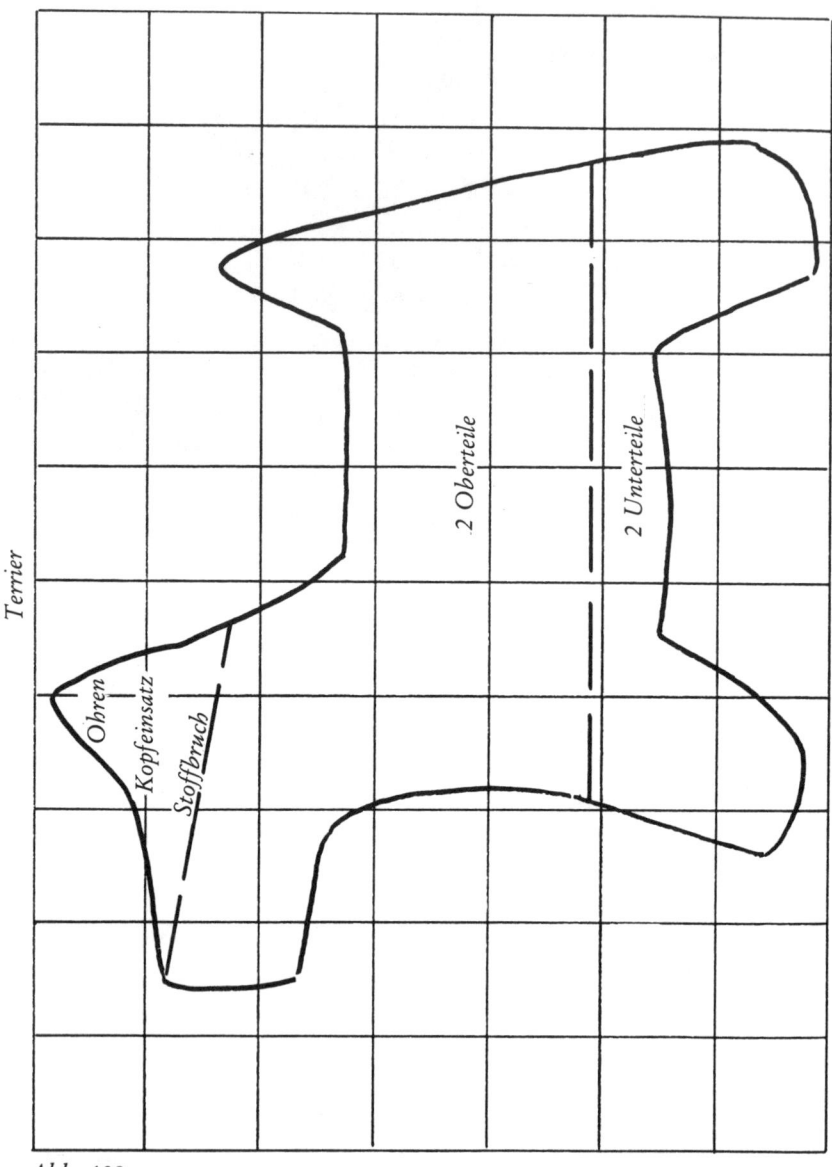

Terrier

Ohren

Kopfeinsatz

Stoffbruch

2 Oberteile

2 Unterteile

Abb. 108

152

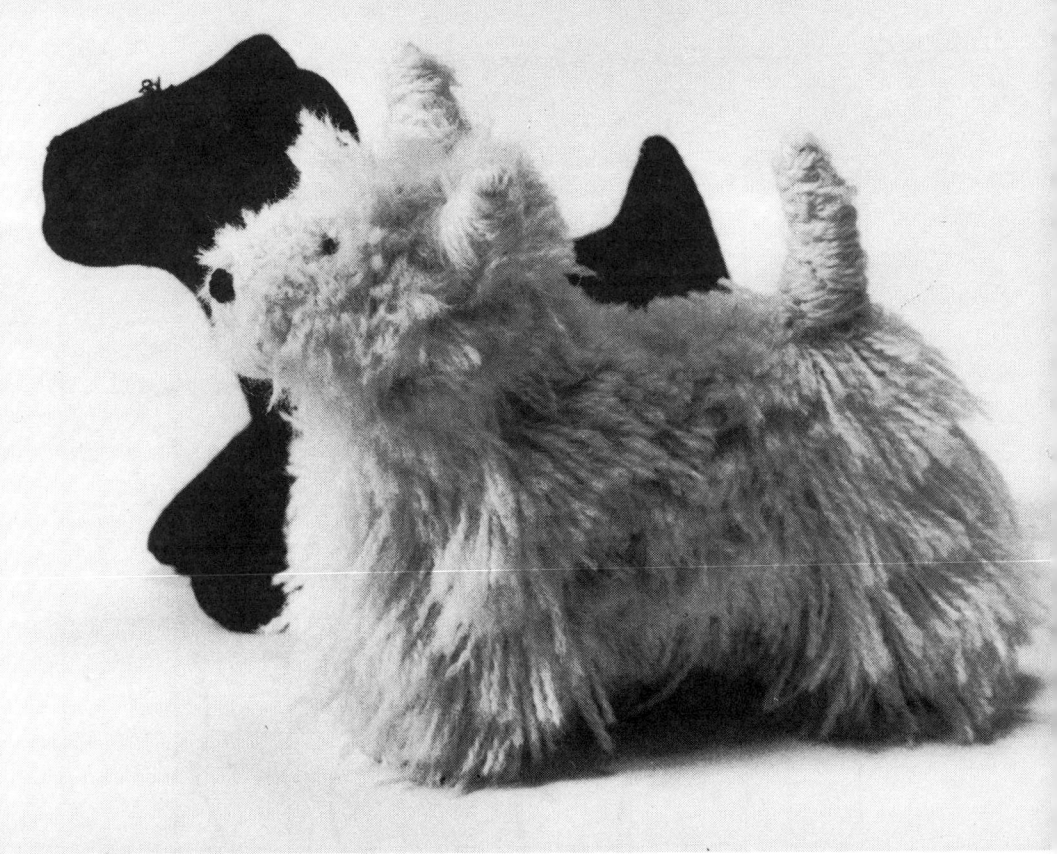

Abb. 109

Terrier und Spitz: Die Seitenstücke rechts auf rechts legen und den Rücken entlang um den Schwanz herum bis zur gestrichelten Linie nähen. Kopfeinsatz einlegen und mit zwei Nähten annähen, die jeweils vom Nacken über das eine Ohr bis zur Schnauze verlaufen. Dann von der Schnauze abwärts die beiden Seitenteile weiter aneinandernähen, über die Brust bis zur gestrichelten Linie. Ein Unterteil nach dem anderen einfügen und jeweils am Vorder- und Hinterbein entlang mit dem Seitenteil zusammennähen. Die Hälfte der Bauchnaht schließen, durch die verbleibende Öffnung wenden, füllen und den Bauch zunähen. Ohren zusammennähen.

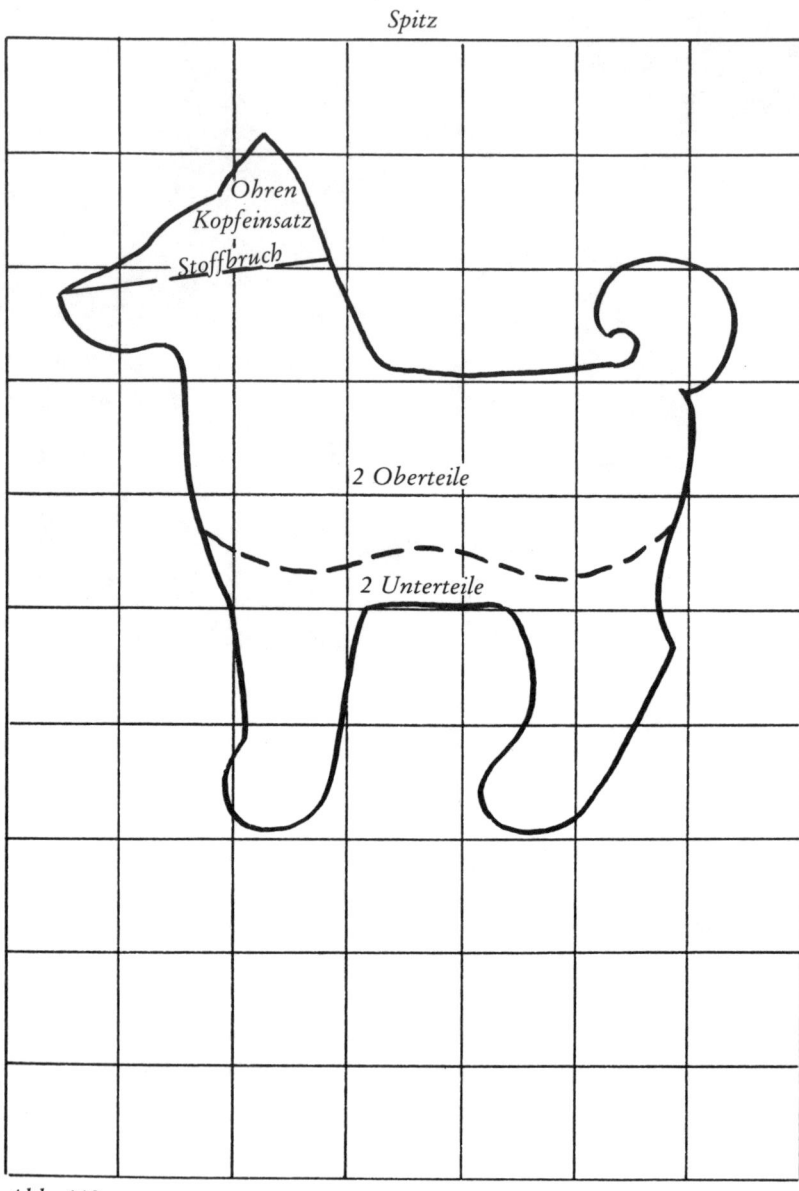

Spitz

Ohren
Kopfeinsatz
Stoffbruch

2 Oberteile

2 Unterteile

Abb. 110

Abb. 111

Spitz: Beschreibung wie Seite 153.

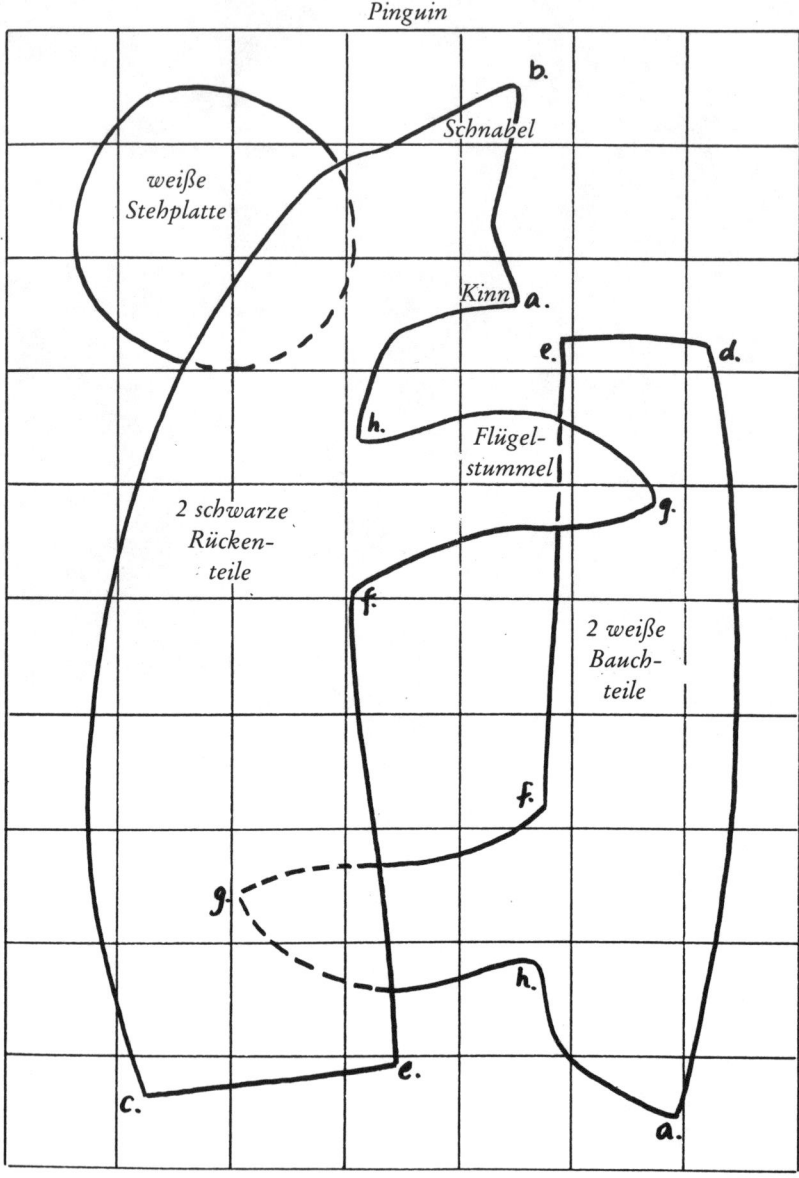

Pinguin

weiße
Stehplatte

Schnabel

b.

Kinn a.

e. d.

h.

Flügel-
stummel

2 schwarze
Rücken-
teile

g.

f.

2 weiße
Bauch-
teile

f.

g.

h.

c. e. a.

Abb. 112

156

Abb. 113

Pinguin: Die schwarzen Rückenteile von a über b und den Rücken entlang bis c zusammennähen. Die beiden weißen Bauchteile von a bis d ebenfalls zusammennähen. Die Vorder- und Rückseite des Pinguins von e an beiden Seiten hinauf bis f, an den Flügelstummeln (g) herum über h und weiter bis a aneinandernähen.

Eventuell zu breit geratene Nahtzugaben schmaler schneiden, wenden und bis in den Schnabel hinauf und in den Körper Wolle füllen. Die weiße Stehplatte auflegen und festnähen. Der Pinguin bekommt gelbe Augen und vielleicht auch eine bunte Markierung am Schnabel.

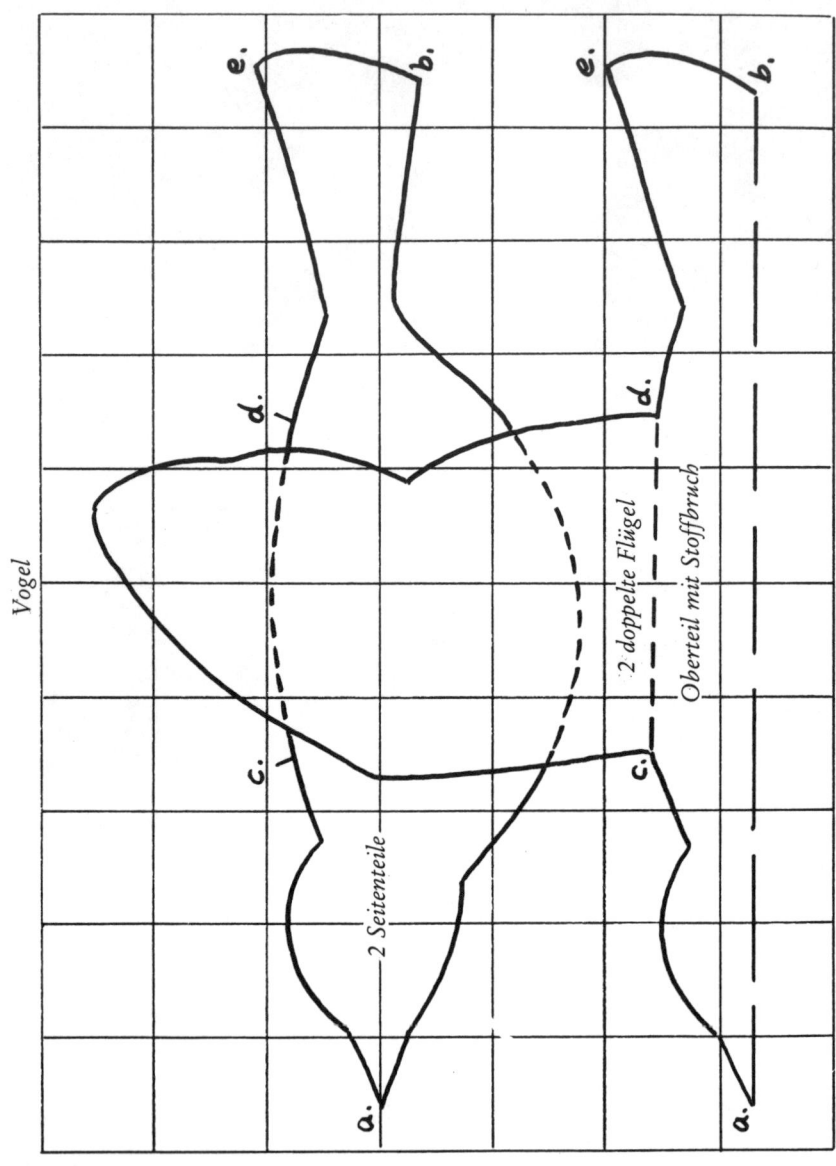

Vogel

e. b. e. b.

d. d.

2 doppelte Flügel

Oberteil mit Stoffbruch

c. c.

2 Seitenteile

a. a.

Abb. 114

Abb. 115

Vogel: Beginnen Sie mit dem Zusammennähen der Seitenteile von a den Bauch entlang bis b, dann von c um die beiden Flügel des Oberteils herum bis d. (Die gestrichelte Linie zwischen c und d bleibt offen.) Nun wird das Oberteil mit den zwei Seitenstücken zusammengefügt: vom Schnabel a am Kopf entlang bis c auf beiden Seiten. Weiter von d nach e und bis b auf beiden Seiten des Schwanzes. Unter den Flügeln sind nun zwei Öffnungen zum Wenden und Füllen geblieben, die danach zugenäht werden.

Dieser Universalvogel kann vielfach abgewandelt werden, je nachdem welcher Art er gleichen soll. Man kürzt oder verlängert den Schnabel oder Schwanz, verschmälert oder rundet den Körper, und man hat eine neue Vogelart. Sticken oder malen Sie mit Textilfarben Federn auf. Die Flügel sollen nur wenig, z. B. mit einem Extra-Filzflügel, gefüllt werden. Wenn man die Flügel unten nicht fest annäht, sondern sehr locker, so daß sie leicht beweglich sind, kann der Vogel auch als Marionette gebraucht werden!

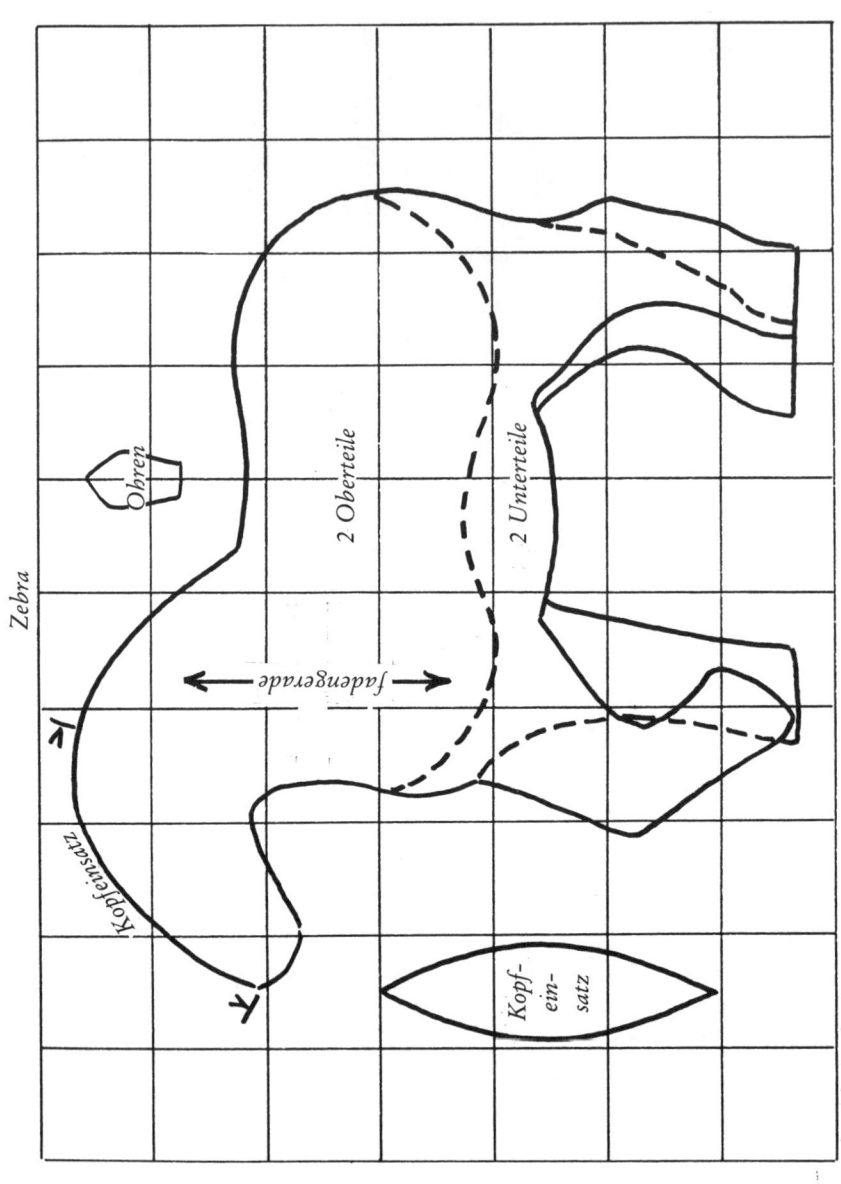

Zebra

Ohren

2 Oberteile

2 Unterteile

Fadengerade

Kopfeinsatz

Kopf-
ein-
satz

Abb. 116

Abb. 117

Zebra: Dies ist nun eins der Tiermodelle in Bewegung, bei dem die Beine also nicht parallel stehen.

Eine ausführliche Beschreibung, die für die sechs folgenden Tiere gilt, findet man auf S. 129–139. Neben den Mustern stehen außerdem Anweisungen, die nur für das abgebildete Tier gelten.

Ein nach diesem Muster gearbeitetes Zebra wird verhältnismäßig kräftig (das größere Tier auf dem Foto). Anders gefärbt und gezeichnet wird aus demselben Mustertier ein norwegisches Fjordpferd. Das größere Zebra ist aus festem Molton genäht. Aus demselben Stoff, der zuerst mit Textilstiften gefärbt und dann in Fransen geschnitten wurde, sind auch Mähne und Schwanz, die zur Verstärkung mit Textilleim angeklebt wurden.

Das kleine Zebra ist nach einem grazileren Muster aus Leinen genäht und hat eine Mähne und einen Schwanz aus Garn.

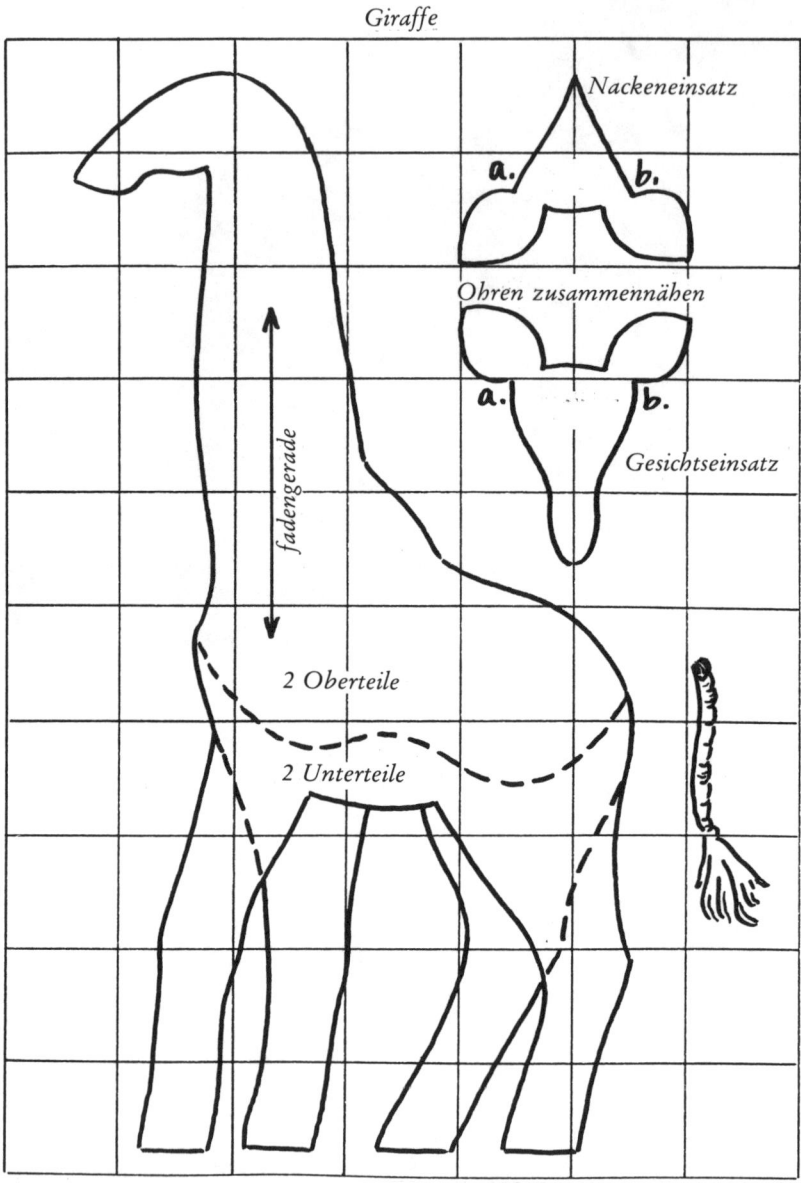

Giraffe

Nackeneinsatz

a. **b.**

Ohren zusammennähen

a. **b.**

Gesichtseinsatz

fadengerade

2 Oberteile

2 Unterteile

Die Giraffe sollte man größer als hier abgebildet arbeiten, sonst wird das Nähen zur Geduldsprobe!

Abb. 118

162

Abb. 119

Giraffe: Wird nach der Zebra-Beschreibung genäht. Die einzige Abweichung davon sind die Kopfeinsätze: Die beiden Teile werden zugeschnitten, rechts auf rechts aufeinandergelegt und die Ohren von a bis b aneinandergenäht. Danach den Einsatz so in den Kopf einfügen, wie es beim Zebra beschrieben wurde. Die Füße der Giraffe können nach Wunsch mit oder ohne runde Sohlen genäht werden.

163

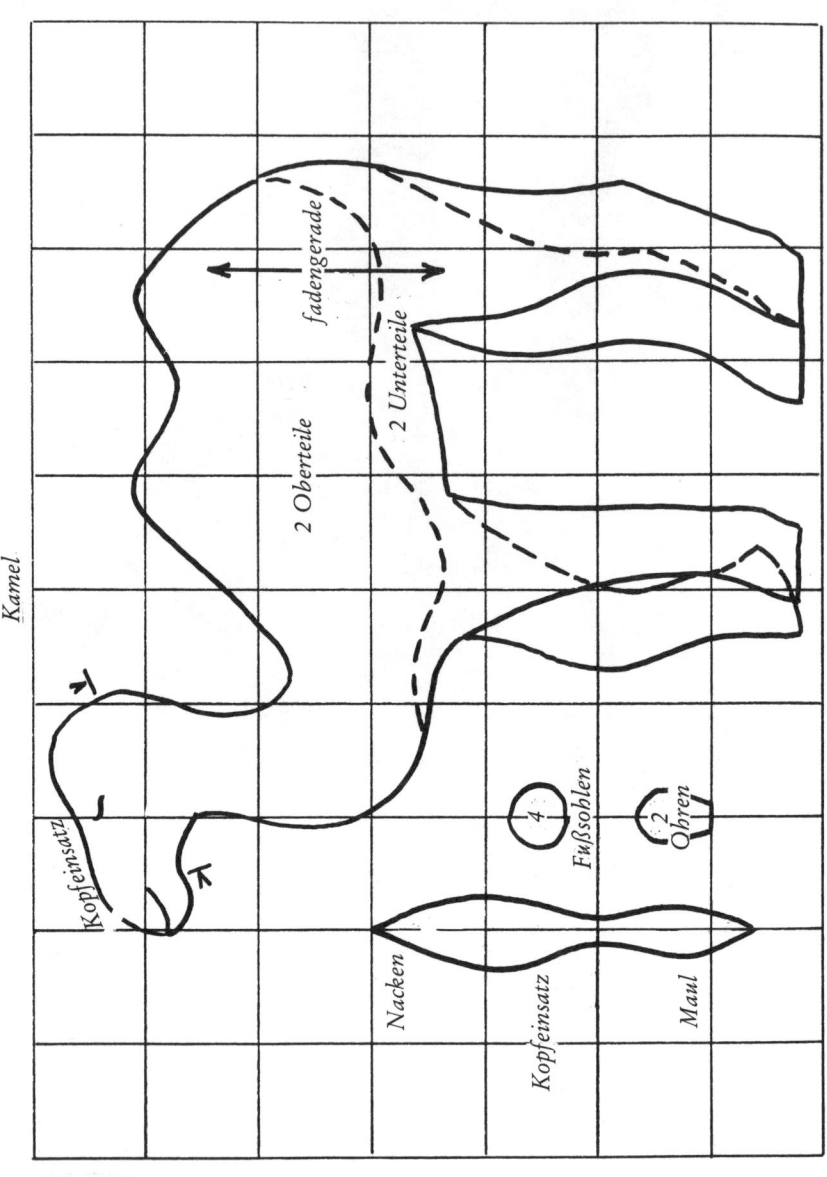

Abb. 120

164

Abb. 121

Kamel: Dieses Kamel ist aus richtigem Wollteddystoff genäht, der vorher braun gefärbt wurde. Die Beine sind innen mit Rollen aus Baumwollstoff für Bettwäsche verstärkt, damit es besser stehen kann. Beschreibung siehe S. 129.

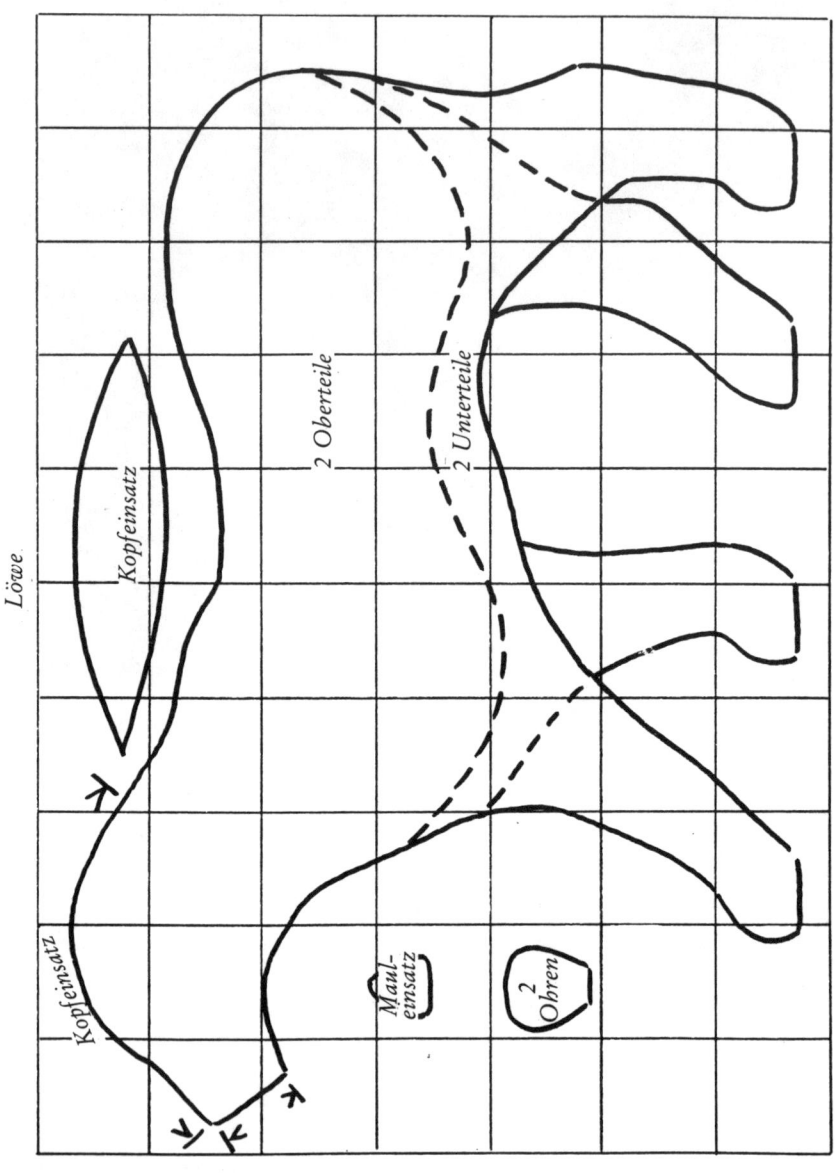

Löwe.

Kopfeinsatz

2 Oberteile

2 Unterteile

Kopfeinsatz

Maul-
einsatz

2
Ohren

Abb. 122

166

Abb. 123

Löwe: Siehe Beschreibung des Zebras auf S. 129. Es gibt einen Unterschied: den kleinen Mauleinsatz, den man nach dem Wenden aufnähen kann, da die Arbeit sonst zu fitzelig wird. Das spitze Ende zeigt in Richtung Nasenlöcher.

Das Löwenmännchen bekommt eine ordentliche Mähne, die entsteht, indem lose Wollgarnenden am Hals vernäht werden. Große Löwen stehen besser auf runden Extrafußsohlen, ansonsten kann man natürlich einfach nur um die Pranken herum zusammennähen. Den langen Schwanz verfertigt man aus Wollgarn oder aus demselben Stoff, aus dem das Tier genäht worden ist, und läßt ihn in einer Troddel enden.

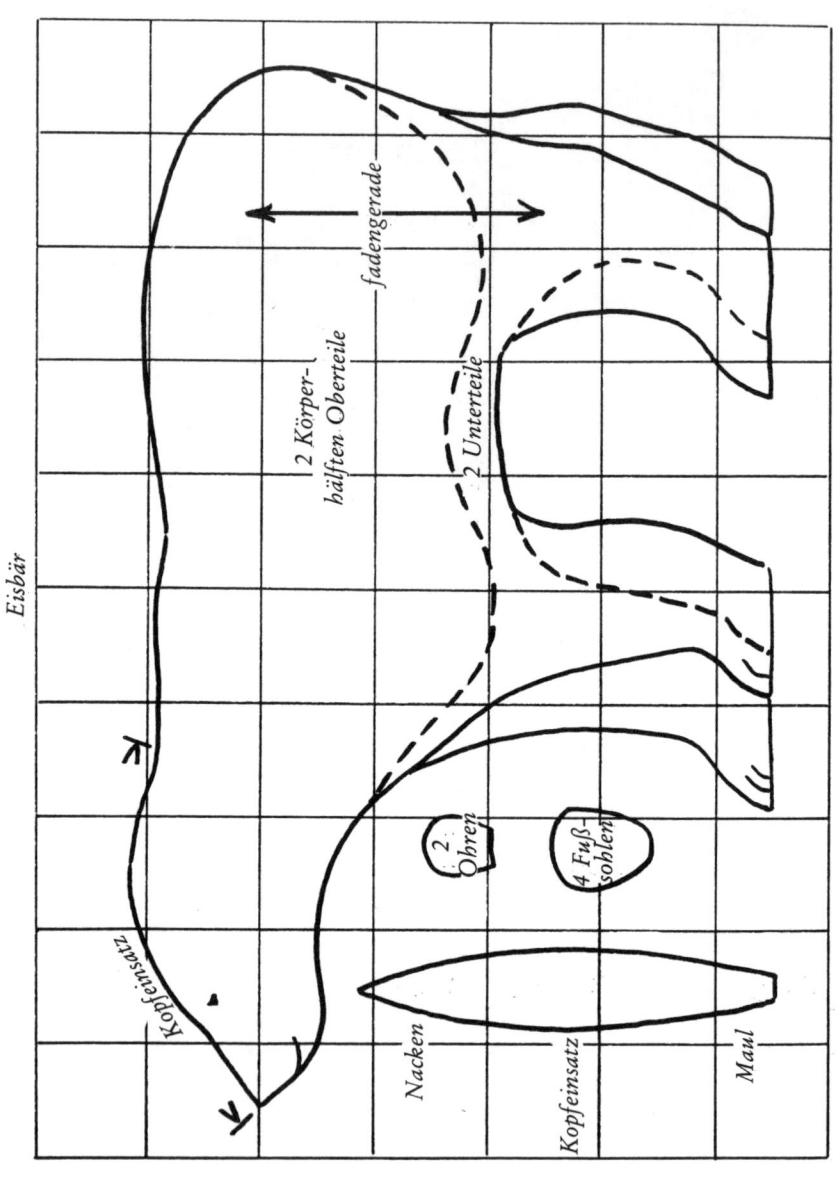

Eisbär

Kopfeinsatz

2 Körper-
hälften Oberteile — fadengerade

2 Unterteile

2 Ohren

4 Fuß-
sohlen

Nacken

Kopfeinsatz

Maul

Abb. 124

168

Abb. 125

Der Eisbär ist aus wollenem Teddystoff genäht. An der Schnauze ist die Wolle geschoren (kann mit der Schere geschnitten werden) und um die Schnauze herum mit Wachsstiften dunkel gefärbt. Augen, Nase, Maul und die Zehen der kräftigen Tatzen sind aus schwarzem Wollgarn genäht. Die Ohren sind aus zwei kleinen runden Stückchen Stoff und nachträglich aufgenäht, dann innen geschwärzt.

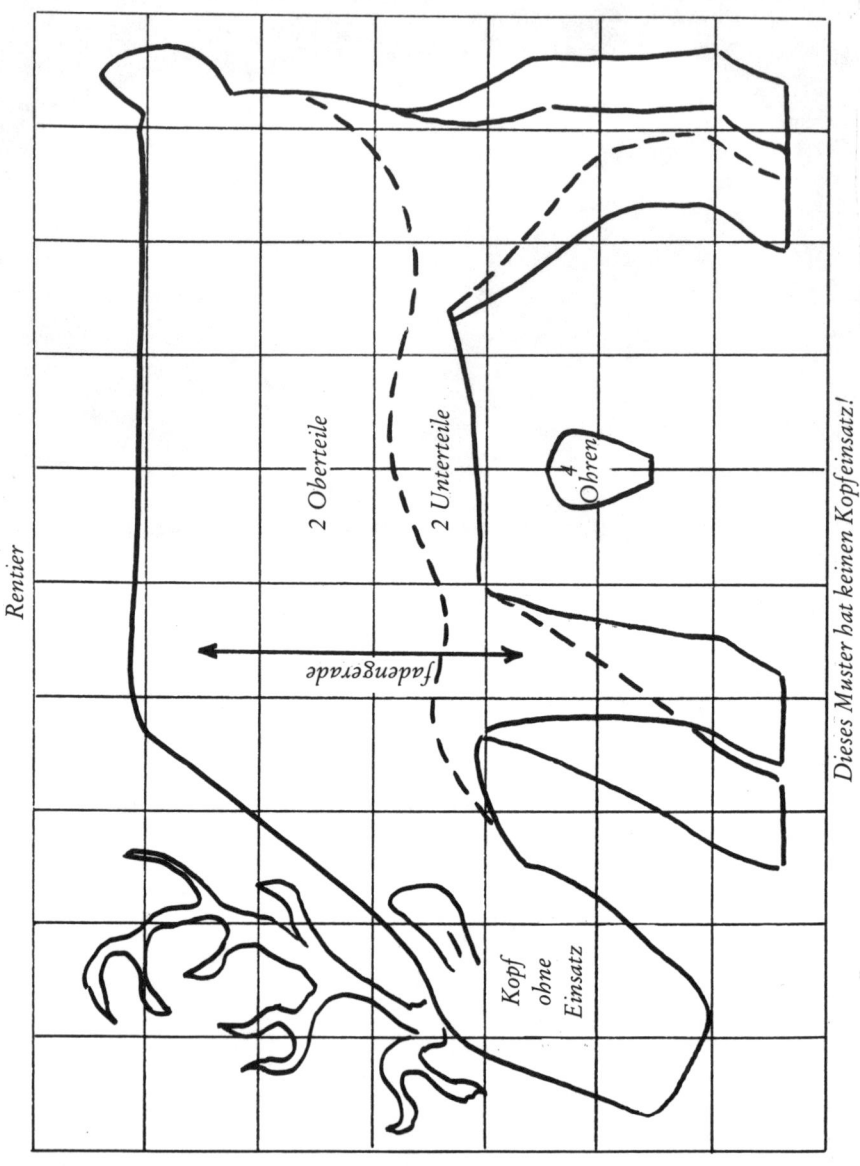

Rentier

2 Oberteile

2 Unterteile

Fadengerade

4 Ohren

Kopf ohne Einsatz

Dieses Muster hat keinen Kopfeinsatz!

Abb. 126

Abb. 127

Ren: Es wird nach derselben Beschreibung wie das Zebra genäht. Nachdem Rentiere relativ lange und schmale Köpfe haben, kommt man hier ohne Kopfeinsatz aus. Die Hörner bestehen aus Pfeifenputzern, die mit grauweißem oder graubraunem Garn umwickelt wurden. Siehe auch Foto auf S. 8.

Das auf obigem Foto abgebildete Ren wurde von einem Schüler einer 5. Klasse gemacht. Das Muster dazu entstand nach und nach wie unter der Überschrift Zebra auf S. 129 beschrieben. Alle Kinder dieser Klasse zeichneten individuelle Muster, nach denen die Rentiere dann genäht wurden. Das abgebildete Ren ist also nicht nach dem Muster hier im Buch genäht.

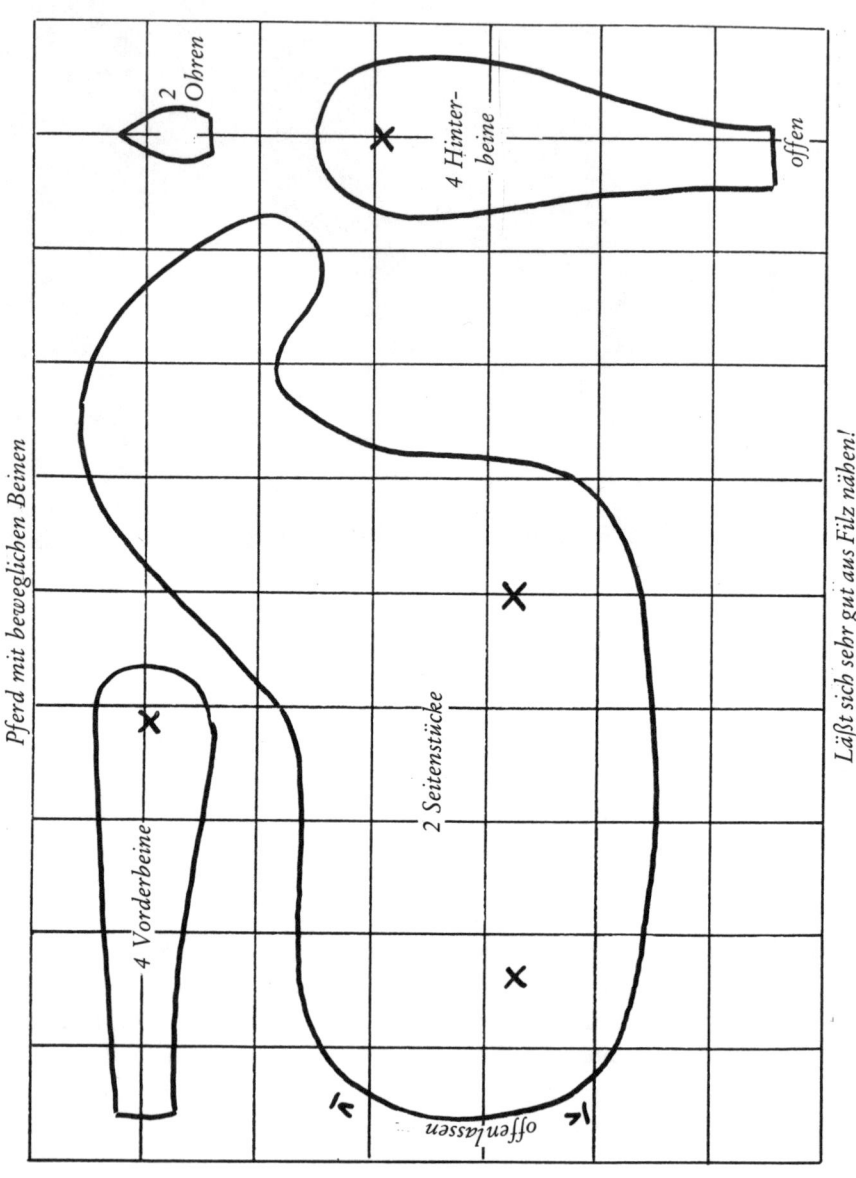

Abb. 128

Abb. 129

Pferd mit beweglichen Beinen: Filz oder anderer Stoff, der sich nicht dehnt, ist für dieses Tier am besten geeignet. Zuerst die beiden Seitenteile um den ganzen Körper herum, mit Ausnahme einer Öffnung hinten, zusammennähen. Wenden und füllen. Jedes Bein für sich aus zwei Teilen, die rechts auf rechts aufeinandergelegt werden, nähen. Am Huf bleibt das Bein offen, wird gewendet und *fest* ausgestopft. Um den Huf herum kräuseln und zusammenziehen.

Zuerst ein Bein festnähen, indem man es an die Körperseite legt und durch den ganzen Körper und das Bein hindurchsticht, die Nadel wendet und denselben Weg durch Bein und Körper hindurch zurücknäht. Nun kommt das gegenüberliegende Bein dazu, durch das die Nadel ebenfalls gestochen wird, und wieder zurück durch Bein-Körper-Bein. Mindestens zehnmal an derselben Stelle vor- und zurückstechen und dann den Faden vernahen.

Dieses Pferd darf also nicht breiter sein als die längste Nadel, die es im Nähkasten gibt: schließlich muß sie durch beide Beine und den Körper gestochen werden können! Schwanz und Mähne siehe S. 137, Abbildung 92 und 93.

173

174

Elternkurs

Dieses Buch (sowie der Elternkurs) wendet sich an alle, die gern Tiere mögen, sowohl lebendige als auch selbstgemachte Spielzeugtiere, und die sich der Bedeutung der Tiere für Kinder und für die Spiele der Kinder bewußt sind. Der Sinn und das Ziel des Kurses besteht darin, den Teilnehmern ein wachsendes Verständnis dafür zu vermitteln, wie man bei Kindern Einfühlungsvermögen und Tierliebe hervorruft und vertieft. Ein weiches, selbstgemachtes Stofftier kann neben Spielen und Tiergeschichten dazu beitragen, im Kind Verbundenheit mit Natur und Tierwelt wachzurufen, wenn einsichtige Erwachsene ihm dabei helfen.

Die Arbeit im Elternkurs

Beim ersten Treffen der Kursteilnehmer werden die folgenden Zusammenkünfte besprochen. Es ist von Vorteil, wenn der Kursleiter schon vor dem ersten Treffen eine Anzahl von Tieren fertiggestellt hat und sie zur Ansicht mitbringt. Daß er oder sie vor Beginn des Kurses dieses Buch aufmerksam durchgelesen hat, ist selbstverständlich!
Eine Nähmaschine ist nicht unbedingt erforderlich, erleichtert aber das Nähen von größeren Stofftieren. Eventuell kann die Arbeit so geplant werden, daß das Nähen der Maschinennähte von den Teilnehmern zu Hause erledigt wird.
Zu den Aufgaben des Kursleiters gehört es weiterhin, zu informieren, welches Arbeitsmaterial bei den jeweiligen Zusammenkünften benötigt wird, und zu untersuchen, was für Literatur die Teilnehmer außer dem Grundbuch eventuell lesen können.
Jede Gruppe macht ihren eigenen Studien- und Arbeitsplan.
Es ist zweckmäßig, jede Zusammenkunft in zwei Abschnitte einzuteilen: einen theoretischen, wo die Möglichkeit zum Diskutieren besteht, und einen praktischen, wo die einzelnen Tiere gemacht werden. Erfahrungsgemäß kommt die Diskussion ins Stocken, wenn die Teilnehmer ihr Material für die praktische Arbeit hervorgeholt haben!

Gemeinsam plant man die Arbeitseinteilung für die im voraus bestimmte Anzahl von Zusammenkünften. Deshalb muß der Kursleiter schon vorher Bescheid wissen, wieviel Zeit die einzelnen Arbeitsabschnitte in etwa beanspruchen.

Die Tiermodelle sind im Buch so geordnet, daß zuerst die allereinfachsten und anspruchslosesten Tiere – solche aus geknoteten Taschentüchern, Handschuhen und aus alten Pullis – beschrieben werden und dann erst die Stofftiere, die nach Muster genäht werden. Selbstverständlich werden die Kursteilnehmer diese Reihenfolge einhalten und Tiere jeden Schwierigkeitsgrades arbeiten. Der Kursleiter sollte dafür sorgen, daß nicht gleich mit den nach Muster geschneiderten Tieren ganz hinten im Buch angefangen wird!

Wie bereits mehrfach erwähnt, sind improvisierte Tiere die allerbesten, sowohl für den, der sie macht, als auch für den, der sie geschenkt bekommt, denn sie regen wirklich die Phantasie an.

Die nach Muster genähten Tiere sind folgendermaßen geordnet: Zuerst kommen acht einfachere, symmetrische Tiere, während die beiden Vögel und die darauf folgenden Tiere beim Zuschneiden besondere Aufmerksamkeit erfordern.

Der Kursleiter hat am besten schon beim ersten Treffen einen Korb mit Arbeitsmaterial dabei, das bei der Herstellung der Tiere verwendet werden kann. Velour und Samt, Baumwollstoffe, dünne Wollstoffe, baumwollener Stoff für Bettwäsche, Frottee, Woll- und Baumwollgarn. Weiter Füllmaterial zur Ansicht: Wolle, Wollreste, Watte, Rohbaumwolle, Baumwollputzwolle, Reste von abgetragenen Pullovern. Die Kursteilnehmer sehen daran, wonach sie sich zu Hause umschauen müssen und was eventuell einzukaufen ist. Das Füllmaterial kauft man am besten gemeinsam.

Watte ist billiger als Wolle, füllt aber nicht so gut und verträgt keine Wäsche. Sie eignet sich daher am besten für kleine Tiere, die man nur zur Zierde hinstellt. Wiederaufgerauhter Wolljersey, sogenannte Wollwatte, ist ein ausgezeichnetes Material, nur etwa halb so teuer wie gewaschene und gekämmte Wolle, die sonst am allerbesten ist (bei 30° waschen). Auch Bienenknetwachs oder Tonerde, große Bögen zum Zeichnen und Wachsstifte kann der Kursleiter schon zum ersten Treffen mitbringen.

Nachdem die Teilnehmer sich miteinander bekannt gemacht haben und die Arbeit für die verschiedenen Zusammenkünfte geplant wurde, kann mit den vorbereiteten Übungen begonnen werden, die auf S. 77 und den folgenden Seiten beschrieben sind, um den Blick für Proportionen und Charakteristika der verschiedenen Tiergattungen zu schärfen.

Zur zweiten Zusammenkunft kann der Kursleiter quadratische, einfarbige Stücke Baumwollstoff in leuchtenden Farben und in der Größe von Taschentüchern mitbringen. Daraus knotet jeder ein Kaninchen (oder ein anderes Tier). Dann werden alle Kaninchen aufgestellt und es kann diskutiert werden, wie die verschiedenen Farben auf den Betrachter wirken.

Machen knallrote, blaue oder gelbe Kaninchen einen natürlichen Eindruck?

Vielleicht verknüpfen Sie die bunten Kaninchen mit den vier Temperamenten? Gibt es phlegmatische, cholerische, sanguinische und melancholische Stallhasen? Was haben Kaninchen eigentlich für ein Wesen?

Ob Sie die Spielzeugtiere in ihre natürlichen Farben kleiden oder sie farbenprächtig ausstatten, kommt ganz auf den Zusammenhang an, in welchem das Tier entsteht und wie es benutzt werden soll. Ein Märchenpferd kann selbstverständlich rot und goldglänzend sein. Aber vielleicht sollte das Schmusetier, das das Kind jeden Abend mit ins Bett nimmt, nicht gerade schockrosa sein!

Es ist jedenfalls ratsam, großgeblümte und karierte Stoffe zu vermeiden, denn diese Art von Mustern täuschen das Auge und lenken teilweise von der Wahrnehmung der dem Tier eigenen Form ab.

Hier folgen nun in Punktform Diskussionsvorschläge zu den sechs einleitenden Kapiteln dieses Buches. Sollte Ihr Kurs öfter als siebenmal zusammentreffen (die erste Zusammenkunft zählt als Einleitung), können Sie sicher ohne Schwierigkeiten den Gesprächsstoff etwas dehnen, so daß ein Abschnitt im Buch auf mehrere Treffen verteilt werden kann.

Das Haustier, Kamerad oder Spielzeug?

Zu dieser Zusammenkunft nehmen Kursleiter und Teilnehmer je ein Buch mit, das von Kindern und Tieren handelt und das sie einander empfehlen wollen.

1. Warum hält man in der Großstadt Haustiere? Ist das gut für die Tiere?
2. Tragen wir womöglich zur Ausrottung gewisser Tiergattungen bei, indem wir sie als Haustiere halten?
3. Hatten Sie als Kind Haustiere? Was bedeuteten sie Ihnen?
4. Kinder können Tieren gegenüber äußerst grausam sein – aus reinem Unverstand. Haben Sie als Kind auch beispielsweise Fliegen die Flügel herausgerissen, um sie zu zähmen? Wie können wir Erwachsenen Tiere vor solchen Quälereien schützen?
5. Von welchem Alter an sind eigentlich Kinder soweit, daß sie die Verantwortung für ein Tier übernehmen können?
6. Was unterscheidet einen guten Tierpark oder Zoo von einem schlechten?
7. Haben Sie, ehe Sie sich Haustiere anschafften, Ihren Nachbarn von Ihren Plänen erzählt? Welche Einstellung vertritt die Gesundheitsbehörde zu den Gesellschaftstieren der Bürger, zum Beispiel zu Hühnern und Kaninchen, auf dem Grundstück? Wird die Zustimmung der Nachbarn vorausgesetzt?
8. Wie soll Tina ihr Kaninchen begraben, wenn die Familie keinen eigenen Garten hat?
9. Empfehlen Sie einander gute Kinderbücher, in denen Kinder vorkommen, die ein eigenes Tier bekommen oder sich eins wünschen. Ganz wunderbar ist Isaak Singers Schilderung von der Liebe eines armen Jungen zur Ziege seiner Familie in «Die Ziege Zlateh».

Die Spielzeugtiere

Bevor dieses Treffen stattfindet, können die Teilnehmer des Elternkurses Spielwarengeschäfte besucht oder sich Spielzeugkataloge beschafft haben, wo sie sich über die Auswahl an Stofftieren und anderem Spielzeug informiert haben, die mit Natur, Tieren, Pflanzen und den vier Elementen zu tun haben. Wieviel Spielsachen dieser Art gibt es zu kaufen? Und wie groß ist dagegen das Angebot an Kriegsspielzeug und Sachen, die Raumfahrt und Fernsehserien betreffen?

10. Diskutieren Sie, ob wir von unserem ersten, heißgeliebten Spielzeug geprägt werden!

11. Warum sind gerade Puppen so ausgezeichnete Spielsachen? Lesen Sie das «Puppenbuch» von Karin Neuschütz.
12. Malen Sie jeder ein Bild von einem Monster oder eine Monstermaske zum Vorhalten. Wodurch wirkt ein Gesicht eigentlich furchterregend?
13. Dürfen Drachen nett sein? Falls ja, wie alt müssen Kinder sein, um diesen Humor à la verkehrte Welt zu verstehen?
14. Jerry Mander schreibt in seinem Buch «Schafft das Fernsehen ab!», das hiermit empfohlen sei: «Wenn wir vor einem Buddhabildnis sitzen und es lange betrachten, werden wir innerlich so davon beeinflußt, daß wir einem Buddha gleichen. Betrachten wir einen Fluß, werden wir ‹flußähnlich›. Sehen wir Monsterfilme im Fernsehen, werden wir monsterähnlich . . .» (Lesen Sie auch das Buch «Lieber spielen als fernsehen» von Karin Neuschütz!)
15. Hat der Spielwarenhändler eine Verantwortung? Können wir von ihm verlangen, daß er sein Angebot von Minderwertigem freihält oder begrenzt? Oder soll der Verbraucher durch Nachfrage das Angebot sanieren?
16. Ist jemand von Ihnen als Kind durch einen Film oder eine Monstermaske einmal sehr erschreckt worden? Hitchcocks Film «Die Vögel» hat bei vielen Menschen einen panischen Schrecken vor Vögeln hervorgerufen. Wie können wir Kindern derartige unnötige Schreckenserlebnisse ersparen?
17. Warum wollen plötzlich *alle* Kinder mit Regina Regenbogen, den Schlümpfen, Monchichi, oder was es nun gerade ist, spielen? Durch welche gesellschaftlichen Mechanismen werden heiße Kinderwünsche eigentlich gelenkt? Können wir als Eltern dagegen opponieren, ohne total verkalkt zu wirken?

Vielseitiges Spiel

18. Wie sieht Ihrer Meinung nach das ideale Spielmilieu für Kinder aus – im Haus und draußen?
19. Das Wort «spielen» hat die ursprüngliche Bedeutung «sich lebhaft bewegen, tanzen». Das ist genau das, was Kinder im Vorschulalter wollen und brauchen, woran sie aber durch fernsehen,

im Kinderwagen oder Auto gefahren werden und andere Beschäftigungen im Sitzen gehindert werden. Wie halten Sie es damit in Ihrer Familie? Hatten Ihre Kinder Bewegungsfreiheit, als sie klein waren?

20. Ist das Auto ein gutes Vorbild für Kinder bei ihren nachahmenden Spielen?

21. Lesen Sie sich gegenseitig Astrid Lindgrens Märchen «Die Prinzessin, die nicht spielen wollte» vor oder erzählen Sie es nach.

22. Wenn Sie Ihrem Kind ein zu kompliziertes, seinem Alter nicht angemessenes Spielzeug geschenkt haben und es nachher bereuen, was tun Sie da? Können Sie es dem Kind einfach wieder wegnehmen und zugeben, daß es ein Fehlgriff war? Ist regelmäßiges «Ausmisten» der Spielzeugkiste möglich? Da gewöhnt sich das Kind daran, daß Spielsachen manchmal weggeräumt werden, und wenn sie nach einiger Zeit wieder hervorgeholt werden, sind sie wie neu!

23. Können Sie sich noch daran erinnern, was für «Welten» Sie im Alter von 10 bis 12 Jahren gestaltet haben?

24. Was für eine Welt bauen und hinterlassen wir unseren Kindern?

25. Was halten Sie davon, daß Kinder früh anfangen, regelmäßig unter der Aufsicht von Erwachsenen sportlich zu trainieren?

26. Anorexia nervosa (Magersucht) kommt manchmal bei Kindern vor, die überehrgeizig sportlich trainieren. Kennt jemand in der Gruppe einen solchen Fall? Wie kann man dieser Krankheit vorbeugen bzw. sie heilen?

Das Tier in Märchen und Fabel

Es wäre nett, wenn zu dieser Zusammenkunft einer der Teilnehmer ein kurzes Märchen, das von Tieren handelt, oder eine Fabel auswendig lernen könnte. Die Diskussion über Märchenbedeutung wird wesentlich erleichtert, wenn alle vor dem Treffen die im Kapitel erwähnten Märchen von den Brüdern Grimm gelesen haben.

27. Derjenige, der sich vorbereitet hat, erzählt sein Märchen.

28. Das Märchen erlebt gerade eine Renaissance, nachdem es längere Zeit als verloren gegolten hat. Wir lesen die Märchen heute meistens vor. Nur wenige können sie noch auswendig. Könnte

man diese Kunst nicht üben? Untersuchen Sie in der Gruppe, wie viele Märchen Sie einigermaßen wiedergeben könnten, ohne sich vorher vorzubereiten! Wie viele Lieder können Sie, die von Tieren handeln? Singen Sie sie! Suchen Sie neue in alten und modernen Liederbüchern.

29. Gibt es andere Tiere als den Wolf, die im Märchen einen unverdient schlechten «Ruf» haben?

30. Wenn wir vom Tiger sagen, er sei grausam, und von der Schlange, sie sei falsch, geben wir ihnen da menschliche Eigenschaften, die sie eigentlich nicht besitzen? Wenn ein Mensch mit Nägeln und Zähnen sein Essen zerfleischt oder seinen Körper windet wie eine Schlange, ist er oder sie dann tierisch, von tierischen Trieben besessen?

31. Zirkustiere und Tiere in Bilderbüchern tragen oft menschliche Kleider. Kleiden wir sie so, um sie lächerlich zu machen und zu erniedrigen?

32. Diskutieren Sie die im Buch wiedergegebenen Märchendeutungen. Vielleicht kann einer der Teilnehmer einen Vergleich dieser Deutungen mit denen in Bruno Bettelheims Buch «Kinder brauchen Märchen» vorbereiten (z. B. seine Aschenputteldeutung und die Bedeutung, die Friedel Lenz der Taube in Märchen zumißt).

Tierkunde in der Schule

Wenn die Teilnehmer die Möglichkeit haben, können sie zu diesem Treffen ein paar Lehrbücher der Tierkunde für die 1.–3. Klasse einsehen.

33. Sehen Sie sich an, wie die Bücher aufgebaut sind! Werden die Tiere darin auf fesselnde Weise beschrieben oder eher wie in einem Lexikon?

34. Wenn wir ein Tier aus seinem ökologischen Zusammenhang nehmen und es studieren, lernen wir eine ganze Menge darüber. Aber für Kinder ist es wichtig, märchenhafte und spannende Lebensbeschreibungen über verschiedene Tiere zu hören, aus denen deutlich hervorgeht, wie die Tiere in ihren Behausungen leben, wie sie sich ihr Futter suchen usw. Haben Sie Bücher

gefunden, in denen das geschildert wird? (Zum Beispiel die Bücher über die Löwin Elsa von Joy Adamson und das außerordentlich spannende Buch «Die lange Flucht», das Richard Adams für Erwachsene über Kaninchen geschrieben hat.)

35. Zeichnen Sie verschiedene Tierphysiognomien, formen Sie sie aus Ton oder stellen Sie sie sich nur vor: Was drückt ein Gesicht mit Riesenohren, einer enormen Nase oder gewaltigen Eckzähnen aus?

36. Wenn ein Mensch extrem große Augen, Ohren, Nase, Zähne oder dergleichen hat, welchen Charakterzügen kann das Ausdruck verleihen?

37. Können Sie andere Tiere als den Adler, den Löwen, die Kuh, den Hamster, den Seehund und das Kamel finden, die die drei Systeme des menschlichen Körpers repräsentieren: Kopf (Sinneswahrnehmung, Empfindlichkeit für Reize, scharfer Blick), Brust (kraftvoller Wechsel zwischen Ruhe und Tätigkeit) und Magen (Insichgewendetsein, Konzentration auf den Stoffwechsel)?

38. Der interessanteste Stoff kann vollkommen bleiern wirken, wenn der Erzähler kein Einfühlungsvermögen besitzt und keinen Spaß daran hat. In der Waldorfschule ist das Erzählen ein sehr wichtiger Bestandteil des Unterrichts. Lesen Sie mehr über Waldorfpädagogik in Frans Carlgrens Büchern!

39. Wie viele Schulen sind Ihnen bekannt, wo die Schüler eigene Blumen- und Gemüsebeete haben oder wo es regelmäßig wiederkehrende Ackerbau- oder Naturwochen gibt?

40. Suchen Sie sich ein Fleckchen Natur, wo jeder Kursteilnehmer eine Pflanze, ein Insekt und einen Vogel zu künftigen Studien adoptieren kann.

41. Diskutieren Sie, wie wir Menschen unsere Verantwortung unseren Geschwistern, den Tieren, gegenüber wahrnehmen! Hat der Mensch eigentlich die große Freiheit verdient, die er genießt?

Stofftiere nähen

Zu diesem letzten (?) Treffen bringt jeder ein schönes, einfarbiges Tuch oder Stoffstück mit und hübsche Dinge, die man in der Natur finden kann: Steine, Holzstücke, Muscheln, Schneckenhäuser, Blumen, Kastanien oder was sonst zur Jahreszeit paßt, und auch ein Bild, das den Tisch schmücken kann, den man je nach Jahreszeit zurecht-

Huhn aus weißem Frottee mit Standplatte aus doppeltem grünem Frottee (Gras). Hahn aus Mullbindenschlauch mit Kamm aus Filz und Beinen aus Pfeifenputzern, die mit Garn umwickelt sind. Beschreibung auf S. 124.

macht. Der Kursleiter demonstriert außerdem eine «Folge» von Gegenständen, bestehend aus einem Holzstück, das in den Formen einem Tier gleicht, einem einfachen Tier aus Holz, einem detailreicheren Tier und einem exakt wiedergegebenen Plastiktier, die alle möglichst derselben Tiergattung zugehören sollten.

42. Benutzen Sie die Gelegenheit, einander alte Pullover, Socken, Stoffreste und Garn zu verehren, so daß Sie für die Zukunft eine reichhaltige Materialsammlung aufbauen können (denn Sie werden ja nicht, nur weil der Kurs zu Ende ist, aufhören, Stofftiere zu nähen!).

43. Zur Wiederanknüpfung an den Anfang des Buches knoten Sie noch einmal etwas! Jeder nimmt ein Taschentuch zur Hand und knotet ein beliebiges Tier oder eine Puppe. Alle müssen damit fertig sein, ehe Sie mit etwas anderem weitermachen!

Nun arrangiert jeder Kursteilnehmer seinen zur Jahreszeit passenden Tisch mit den mitgebrachten Naturgegenständen. Auf einen Tisch oder in ein Fach eines Regals wird Stoff gebreitet und darauf ordnet man dann die verschiedenen Gegenstände: ein hübsches Bild, Blumen und ein paar von den im Elternkurs verfertigten Tieren. Besprechen Sie das Resultat!

44. Wenn mehrere Teilnehmer ähnliche Tiermodelle genäht haben, können Sie sie nebeneinanderstellen zu einem interessanten Vergleich: Haben die Tiere womöglich eine Ähnlichkeit mit ihrem Hersteller – sind sie vielleicht eine Art Selbstporträt?

45. Stellen Sie die Tiere, die der Kursleiter mitgebracht hat, in eine Reihe: das naturgeformte Holzstück, das aussieht wie eine Kuh, eine in den Formen angedeutete hölzerne Kuh, eine Kuh, die ganz eindeutig eine Kuh ist, und eine detailliert ausgeformte Plastikkuh. Wie wird die Phantasie von diesen unterschiedlichen Graden der Vervollkommnung beeinflußt?

46. Arrangieren Sie zusammen eine Welt aus Stoffen, oder malen Sie eine Kulisse mit Wasserfarben auf ein zerschlissenes Bettuch, und stellen Sie die genähten Tiere davor in eine «natürliche» Landschaft. Sie können durch das genaue Betrachten der Tiere von den anderen Teilnehmern eine ganze Menge lernen! In einer solchen Landschaft läßt sich auch einfaches Puppentheater mit Puppen und Tieren spielen (weitere Vorschläge finden Sie in «Gib den Puppen Leben!» von Karin Neuschütz).

47. Welche Organisationen haben Ihrer Ansicht nach mit Erfolg die Aufgabe der Arche Noah gelöst, bedrohte Tierarten zu retten?

48. Wie stellt man es nun an, den Kindern, die beschenkt werden sollen, mit Humor eindeutig klarzumachen, daß diese selbstgenähten Tiere mindestens 1000mal besser sind als alle industriell erzeugten Spielzeugtiere?

Viel Glück dabei! Wenn Sie Anregungen und Fragen zu diesem Buch haben, schreiben Sie bitte an die Verfasserin:

Karin Neuschütz
c/o Verlag Freies Geistesleben
Postfach 13 11 22
D-70069 Stuttgart

Werkbücher für Kinder, Eltern und Erzieher

1 Wir spielen Schattentheater

Anregungen für eine einfache Bühne, kleine Szenen und drei Märchenspiele. Mit zahlreichen Zeichnungen und Scherenschnitten von *Erika Zimmermann*. 72 Seiten, kartoniert.

2 Advent

Praktische Anregungen für die Zeit vor Weihnachten. Zusammengestellt von *Freya Jaffke*. Mit Zeichnungen von Christiane Lesch und farbigen Abbildungen. 59 Seiten, kartoniert.

3 Bilderbücher mit beweglichen Figuren

Anregungen und Anleitung zum Selbermachen, von *Brunhild Müller*. 57 Seiten, kartoniert.

4 Wir spielen Kasperle-Theater

Die Bedeutung des Kasperle-Spiels, die Herstellung von Puppen und Bühne und zehn kleine Szenen.
Von *A. Weissenberg-Seebohm*, *C. Taudin-Chabot* und *C. Mees-Henny*. Aus dem Holländischen von Arnica Esterl.
92 Seiten mit 7 farbigen und 56 schwarzweißen Abbildungen, kartoniert.

5 Mit Kasperle durch das Jahr

Vier große Kasperle-Stücke, von *A. Weissenberg-Seebohm*. Aus dem Holländischen von Arnica Esterl. 56 Seiten, kartoniert.

6 Geometrische Körper aus Stroh selbstgemacht

Von *Walter Kraul*. 46 Seiten mit zahlreichen Abbildungen, kartoniert.

Verlag Freies Geistesleben

Werkbücher für Kinder, Eltern und Erzieher

7 Spielen mit Wasser und Luft

Von *Walter Kraul*. 70 Seiten mit zahlreichen Zeichnungen und Fotos, kartoniert.

8 Spielen mit Feuer und Erde

Von *Walter Kraul*. 59 Seiten mit zahlreichen Zeichnungen und Fotos, kartoniert.

9 Malen mit Wasserfarben

Von *Brunhild Müller*. 49 Seiten mit zahlreichen farbigen Abbildungen, kartoniert.

10 Kinderbekleidung

Von *Ulrich Rösch* und *Traute Nierth*. 92 Seiten mit zahlreichen farbigen und schwarzweißen Abbildungen, kartoniert.

11 Pflanzenfärben ohne Gift

Neue Rezepte zum Färben von Wolle und Seide. Von *Eva Jentschura*, mit lllustrationen von Heidi-Charlotte Geister. 56 Seiten mit zahlreichen Abbildungen, kartoniert.

12 Gestalten mit farbiger Wolle

Von *Dagmar Schmidt* und *Freya Jaffke*. 75 Seiten mit zahlreichen farbigen Abbildungen, kartoniert.

Verlag Freies Geistesleben

Arbeitsmaterial aus den Waldorfkindergärten

1 Spielzeug – von Eltern selbstgemacht
Von *Freya Jaffke*. 100 Seiten mit zahlreichen Zeichnungen, kartoniert.

2 Getreidegerichte – einfach und schmackhaft
Von *Freya Jaffke*. 52 Seiten, kartoniert.

3 Färben mit Pflanzen
Textilien selbst gefärbt. Historisches und Rezepte für heute, dargestellt und illustriert von *Renate Jörke*. 71 Seiten, kartoniert.

5 Kleine Märchen und Geschichten
zum Erzählen und für Puppenspiele. 55 Seiten, kartoniert.

6 Rhythmen und Reime
Gesammelt bei der Vereinigung der Waldorfkindergärten Stuttgart.
64 Seiten, kartoniert.

7 Puppenspiel
Anleitungen für die Einrichtung verschiedener Spielmöglichkeiten
und die Herstellung einfacher Figuren. Von *Freya Jaffke*.
68 Seiten, kartoniert.

8 Hänschen Apfelkern
Kleine Märchen und Geschichten zum Erzählen und Spielen.
Gesammlt und bearbeitet von *Bronja Zahlingen*. 50 Seiten, kartoniert.

Verlag Freies Geistesleben

Arbeitsmaterial aus den Waldorfkindergärten

9 Zwerge
Wie man sie sieht, wie man sie macht, wie man mit ihnen umgeht.
Zusammengestellt von *Johanna-Veronika Picht*. 54 Seiten, kartoniert.

10 Tanzt und singt!
Rhythmische Spiele im Jahreslauf. Zusammengestellt von *Freya Jaffke*,
mit Zeichnungen von Christiane Lesch. 100 Seiten, kartoniert.

11 Das spielende Kind
Beobachtungen und Erfahrungen einer Kindergärtnerin. Von *Ingeborg
Haller*. Mit Zeichnungen von Almuth Regenass-Haller. 67 Seiten, kartoniert.

12 Spiel mit uns!
Gesellige Spiele für Kinder von 3 – 6 Jahren. Von *Freya Jaffke*. Mit
Zeichnungen von Christiane Lesch. 80 Seiten, kartoniert.

13 Spielen und arbeiten im Waldorfkindergarten
Von *Freya Jaffke*. 65 Seiten mit farbigen Fotos, kartoniert.

14 Feste im Kindergarten und Elternhaus
Teil 1: Advent / Weihnachten / Drei Könige / Fasching.
Von *Freya Jaffke*. Mit Illustrationen von Christiane Lesch. 78 Seiten,
kartoniert.

15 Feste im Kindergarten und Elternhaus
Teil 2: Ostern / Pfingsten / Johanni / Michaeli / Laternenfest / Geburtstag.
Von *Freya Jaffke*. Mit Illustrationen von Christiane Lesch. 101 Seiten,
kartoniert.

Verlag Freies Geistesleben

Bücher für die Familie

Frühjahrsschmuck

Anregungen zum Basteln und Schmücken
von *Thomas* und *Petra Berger*
88 Seiten mit zahlreichen farbigen Abbildungen
und Fotos, gebunden.

Herbstschmuck

Anregungen zum Basteln und Schmücken
von *Thomas Berger*
80 Seiten mit zahlreichen Abbildungen und farbigen Fotos, gebunden.

Weihnachten

Anregungen zum Basteln und Schmücken
von *Thomas Berger*
86 Seiten mit zahlreichen farbigen Abbildungen und Zeichnnungen,
gebunden.

Jahreszeitentische

Anregungen zur Gestaltung des Jahreslaufs in der Familie
von *Marjolein van Leeuwen* und *Jos Moeskops*
96 Seiten mit zahlreichen farbigen und schwarzweißen Abbildungen,
gebunden.

Laßt Schmetterlinge fliegen!

Praktische Anregungen zur Schmetterlingszucht für Eltern und
Kinder von *Peter Lange*
67 Seiten mit zahlreichen farbigen Fotos von
Gerhard Sturm, gebunden.

Verlag Freies Geistesleben

Das Jahreszeitenbuch

Anregungen zum Spielen, Basteln und Erzählen – Gedichte, Lieder und
Rezepte zum Jahreslauf.
Von *Christiane Kutik.*
Durchgehend illustriert von Eva-Maria Ott-Heidmann.
320 Seiten mit über 300 Abbildungen, gebunden.

Was sollen wir mit unseren Kindern spielen, welche Geschichten erzählen, welche Lieder singen? Eltern und Erzieher sind heute oft ratlos,
wenn es um solche Fragen geht. Altes, traditionelles Brauchtum hat
heute weitgehend seine soziale Wirksamkeit verloren oder ist sowieso
in Vergessenheit geraten.

Das Jahreszeitenbuch will hier weiterhelfen. Es zeigt in Form eines
echten «Hausbuches», wie der Jahreskreislauf, mit den Kindern gemeinsam erlebt, zum Spielen, Singen, Erzählen, Basteln und Backen
anregt. Daraus kann dann auch ein sinnvolles Gestalten der Jahresfeste
gewonnen werden: Weihnachten und Ostern, aber auch die heute kaum
noch bekannten Feste Johanni und Michaeli.

Die Bedeutung dieser Feste wird deutlich gemacht und dabei versucht,
durch die Auswahl der Geschichten und Lieder, durch die vielen
Illustrationen sowie durch begleitende Zwischentexte, den Eltern und
Kindern das Erleben des Jahreslaufes wieder nahezubringen.

Jegliches Spiel, jede Mahlzeit, jede kleine Geschichte bekommt durch
ihre Einordnung in den Jahreslauf und durch den Bezug zu den Jahres-
festen einen umfassenden Sinn. Auch auf die Gestaltung der christli-
chen Feste im Sinne einer dem heutigen Bewußtsein angemessenen
Gestaltung wird eingegangen. Ein Register und umfangreiche Litera-
turhinweise zum Weiterlesen schließen das Buch ab.

Verlag Freies Geistesleben

Bücher von Karin Neuschütz

Die Waldorfpuppe

Anleitung zu ihrer Herstellung und zum Nähen ihrer Kleider. Mit vielen Schnittmustern. In Zusammenarbeit mit Nanako Sasaki und mit farbigen Fotos von Shigeki Nakamura. Aus dem Schwedischen von Claudia Barenthin.
96 Seiten, gebunden.

Eine handgearbeitete Puppe ist etwas Einzigartiges, und sie ist meistens gerade für das Kind geschaffen, das sie bekommen soll. Nach den Anleitungen in diesem Buch kann jeder lernen, Waldorfpuppen zu fertigen. Hier findet man Puppen für Kinder verschiedenen Alters. Passend für die ganz Kleinen sind einfache Wurfpuppen und Puppen im Säckchen oder mit festsitzenden Kleidern. Das Buch enthält Schnittmuster in Originalgröße, Näh- und Strickanleitungen für Puppenkleider sowie Beschreibungen, wie verschiedene Puppenfrisuren gearbeitet werden.

Das Puppenbuch

Wie man Puppen selber macht und was sie für Kinder bedeuten.
Aus dem Schwedischen von Claudia Barenthin.
181 Seiten mit zehn Fotos und zahlreichen Zeichnungen, kartoniert.

Gib den Puppen leben

Vom Wollknäuel zum Marionettentheater.
Aus dem Schwedischen von Claudia Barenthin.
204 Seiten mit zahlreichen, zum Teil farbigen Zeichnungen.

Lieber spielen als fernsehen!

Aus dem Schwedischen von Claudia Barenthin.
180 Seiten mit zahlreichen Zeichnungen, kartoniert.

Verlag Freies Geistesleben